これ一冊で丸わかり！

関西の船釣り最新テクニック

菊池雄一／月刊つり人編集部・編

つり人社

目次

これ一冊で丸わかり！
関西の船釣り最新テクニック

これ一冊で丸わかり！

関西の船釣り最新テクニック

※本書は、月刊『つり人』2017年3月号〜2020年1月号の連載『今月どやさ！関西船釣りレボリューション』をベースに加筆、修正したものです。

関西の四季を遊ぶ12の釣り

船釣りのメニューは実に多彩。
シンプルなエサ釣りもあれば、
タチウオテンヤ、タイラバ、イカメタルといった
独自のアイテムを使うものもある。
高級魚をねらうもよし、
身近なターゲットの数釣りも楽しい。
どれから始めるかは、あなたしだい!

船テンヤタチウオ

船テンヤタチウオ

大阪湾の船釣り人気ナンバーワン

大阪湾の船釣りの中で、現在、圧倒的一番人気といえば「船テンヤタチウオ」だ。ビギナーでも釣れる敷居の低さと、やればやるほど奥深さを実感するテクニカルな面があり、食べても美味しい魚であることから絶大な人気を博している。

仕掛けは、大きなハリとオモリが一体になったテンヤを使う。初めて手にした人はその重さとサイズにきっと驚くだろう。テンヤには突起があり、イワシやサンマなどのエサを刺してハリガネで巻き付ける。このテンヤを下から上に向かって動かし、海中で立ち泳ぎする習性を持つタチウオに追いかけさせ、食いつかせたら、最後はしっかりアワセを入れてハリに掛けるというのが基本の釣り方だ。

エサ釣りでありながら、ルアーフィッシング的な「誘い」の要素も多く含んでいて、一連のやり取りがテクニカルなため多くの人が魅了される。そして、ひとたび魚が掛かれば、アタリも引きもラインを通じてダイレクトに伝わってくるので釣り味も非常によい。

大阪湾には主な釣り場が2つある。1つは兵庫県神戸市の須磨沖、もう1つは淡路島の洲本沖だ。その他、泉南小島沖や徳島鳴門沖なども釣れるが、いずれのポイントも海溝と言われる深い溝の周辺に砂地があり、タチウオが群れをなす。これは潮の流れを溝の淵部分が受けた際に、タチウオのエサとなるイワシやイカがよれて溜まるからではないかと思われる。

各地の船長によるポイント開拓により、タチウオが釣れる時期は年々長くなっている。今は7月中頃～年明けの3月終わりくらいまで、なんと9ヵ月も楽しめてしまう。

タチウオは陸からも釣れるが、群れを直撃する船テンヤタチウオなら、アタリも圧倒的に多く、その分〝やればやるほどハマる〟奥深さに引き込まれる。

釣魚の王様を和製漁具でねらう

〝百魚の王〟として、全国各地のアングラーに親しまれているマダイ。マダイは好奇心旺盛な魚で、釣るための方法もさまざまあり、昔ながらの伝統漁法が今なお残る地域も多い。そうした中、近年、非常に多くの釣り人から支持され、一大ジャンルにまで育った釣りが「タイラバ」だ。関西でも多くのファンがこの釣りに魅了されている。

この釣りで使うのは漁具生まれの和製ルアーだ。さまざまな装飾やカラーを施したオモリ（ヘッド）、ハリ、そしてシリコンで出来た揺れ動く細長いパーツ（スカートやネクタイ）を組み合わせたもので、これがタイラバと呼ばれ、釣り方の名前にもなっている。この漁具をリールで巻いて動かし、マダイの好物である甲殻類、イカ、タコ、さらには小魚などに似せて魚に食い付かせる。

釣り方は非常にシンプルで、ポイントに着いたら落として巻くだけ。驚くほど明快でありながら、各地で驚くような大ダイが釣られている。この単純さが船釣り入門にもピッタリはまり、初心者から中上級者まで、幅広い層から支持されている。

タイラバのチョイスや巻きのスピードなど、ちょっとした変化が大きな釣果の差につながる。上手な人ほど引き出しを多く持っており、難しい側面も同時に存在するからこそ、ベテランもはまってしまうのだ。

関西エリアでタイラバが行なわれているのは、たとえば次のようなエリアだ。大阪湾の明石周辺や淡路島周辺。和歌山の紀伊水道（加太）、南紀エリア。徳島の鳴門海峡。三重の鳥羽や伊勢志摩周辺。日本海側の丹後半島、若狭、越前など。ほかにも挙げればきりがないが、マダイ自体が、日本のあらゆる海域で見られる魚なので、釣り場は全国に広がっている。

タイラバ
SØUTH

落とし込み

スリル満点！何が来るかはお楽しみ

関西を中心とした船釣りシーンで、近年、あちこちのエリアで人気爆発中の釣りに「落とし込み」がある。海の中で日々繰り返されている、魚同士の食物連鎖を利用した釣りだ。生きた魚をエサにし、大ものが釣れる確率もすこぶる高い。

使用するのは専用のサビキ仕掛け。最初にこれでイワシやアジなどのベイトフィッシュを釣る。その後、ベイトが付いたサビキ仕掛けを海底付近や大型肉食魚が回遊する場所に下ろし、食って来たところを釣りあげる。

現在、落とし込みはさまざまなエリアで行なわれている。大阪湾の明石周辺や淡路島周辺。和歌山の紀北から中紀（日の岬、徳島伊島）、南紀エリア。三重方面の鳥羽さらには知多半島周辺など。日本海側の山陰、若狭、越前など。挙げればきりがないが、イワシやアジの回遊があり、それを捕食する大型肉食魚がいる海ならどこでも楽しめる。

季節は春先にベイトの回遊が見られるエリアもあれば秋口のところもあるが、全体的には5～11月くらい。大阪湾を中心に考えれば、メインはブリ（ハマチ、メジロ）、サワラ（サゴシ）、マダイ、ヒラメ、根魚（アコウ、ガシラ）などが挙げられる。太平洋側（紀伊半島、三重）をメインに考えれば、大阪湾で挙げた魚以外で大型の根魚（クエ、ハタ）やカンパチ（シオ）、マグロなどもターゲットになる。日本海側（山陰、北陸）をメインに考えれば、大阪湾で挙げた魚以外で大型の根魚（ハタ）やヒラマサ（ヒラス）などもターゲットだ。エサになる小魚も地域によっていろいろで、ウルメイワシ、ムロアジ、マルアジは最強クラスのよく釣れるエサ。次点でカタクチイワシ、マアジ、サバがいて、ほかにはイサギなどもエサにする。

落とし込み

メバル

メバル

春告魚は今も播州で根強い人気

夏から秋にかけてマダコ釣り、タチウオ釣りに大忙しの兵庫県明石界隈の遊漁船が、年末から春にかけて熱くなるのがメバル釣り。ほぼ年中オフなしにタチウオをねらう船も多くなった大阪湾方面とは対照的に、明石海峡から播磨灘をメインステージにする船は、今も昔もメバル好きの釣り人が大挙集結する。元来、明石から姫路方面の播州エリアは「明けても暮れてもメバル」という人が多い土地柄なのだ。

二見周辺はそうしたエリアの1つ。メバル釣りは基本的に朝から日中の釣りだが、船によっては夕方からの半夜便もある。釣り方は昼夜変わらず、サビキ釣りをメインに、生きエビやイカナゴを使ったエサ釣りをミックスすることもある。年末頃に生きエビでスタートし、年が明け2月の終わりになって海域にイカナゴの稚魚が回り始めると、エサもイカナゴが主体になる。当然サビキも、そのエサを模したものを意識する。

水深は浅いところで10m前後、深いところで30mほどと釣りやすいが、根や魚礁をタイトにねらうため底取りをきっちり行ない、根の高さに合わせて底を切らないと根掛かりが多発する。船を立てての流し釣り（＝船首を風上に向け、潮と一緒に船を流しながらポイントを通過していく釣り）なので、ポイントごとに船長が水深と根の高さをアナウンス。それに従っていれば問題ない。

明石海峡からすぐの海域の潮流はすこぶる速い。あまりにも急潮の場合は釣りにならないが、その日の満ち引きの中で釣りやすいポイントに船長が案内してくれる。

多少潮が速くても、ポイントの水深がそれほどないため、釣り客同士のオマツリも少なく、魚からのアタリはダイレクト。ビギナーからベテランまで楽しめる釣りだ。

イサギ

イサギ

初夏にねらう良型・大型の魅力

イサギは西日本、東日本変わらず全国的に人気の釣り対象魚だ。特に「麦わらイサギ」と呼ばれる初夏は脂がよく乗る旬。イサギは磯釣りの対象魚でもあるので、紀州や四国は梅雨時期の磯イサギ釣りが盛ん。フカセ釣りやカゴ釣りで良型をねらうファンが多い。その時の目標は40㎝オーバー。とにかく大きいほど脂が乗って抜群に美味いとされ、なかには50㎝オーバー、ごくまれだが60㎝オーバーというスーパーサイズもヒットする。

一方の船釣りはというと、たとえば和歌山県下の釣り場では、どちらかというと25～30㎝を何十尾といった小型の数釣りのイメージが強い。東日本でも船釣りに関しては同じような状況で（ちなみに東日本では〝イサキ〟と濁らない）、サビキでねらうアジ釣りの延長といった釣りが楽しまれている。

しかし、和歌山県でも見老津など南紀方面には、古くからジャンボと呼ばれる良型、大型イサギを釣らせる船があるし、中紀の日の岬沖でも40㎝オーバーの良型をねらって釣ることができる遊漁船がある。日高町の比井から出船している船などもそうだ。

シーズンは初夏。5～7月末までが良型ねらいにはベストだ。夏以降、秋もアジまじりになるがイサギをねらうことができるが、イカメタルなど他の釣りものオンリーに移行する船も多いので釣行の際は確認が必要になる。

釣り方は鉄仮面とよばれる金属製のマキエカゴが付いた大型テンビンの先に、3本バリほどのサビキ仕掛けを吹き流し状態にして、船の直下に下ろす。あとは船長の指示するタナでマキエを出しアタリを待つというもの。マキエに使用するのはアミエビだ。

キス

誰でも手軽に味わえる心地よいアタリ

播磨灘に浮かぶ兵庫県の家島諸島周辺は、乗合船でキス（シロギス）がねらえる関西エリアでは数少ないフィールドである。深くない砂底の海底から、プルルと送られてくる目の覚めるようなアタリは爽快。初心者でも簡単に釣れるのが魅力だが、実は奥が深い釣りでもある。

キスを専門にねらう場合、仕立船やレンタルボートでの釣りがメインで、その場合は若狭方面や伊勢方面へ向かうことがほとんどである。その点、「京阪神地区からほど近い釣り場で手軽にキスを釣りたい……」という時には、家島諸島はありがたい釣り場となる。たとえば兵庫県西部の姫路港から出船する知々丸などでは、例年5〜9月は、ほぼキス釣り1本で出船しており、姫路港なら京阪神地区からも大して遠くない。

ポイントである家島諸島は、姫路市の沖合18㎞、播磨灘に浮かぶ有人島、無人島を含む大小40あまりの島からなり、古くから漁業が盛んでメバル釣り、チヌ釣り場としても有名。近年は熱心に通うエギングファンも多い。

ポイントの水深は30ｍ平均で、例年水温が13℃を超えたあたりからシロギスが釣れ始める。だいたいは5月からのシーズン入りだが、水温上昇が早い年は4月中旬から釣れ始める。

釣り方は簡単。アオイソメやイシゴカイを刺したキス用のチョイ投げ仕掛けやボート釣り仕掛けを海底に沈めてサオ先に出るアタリを取るだけ。難しい誘い、テクニックなどは必要なく、虫エサが苦手な女性も多いかも知れないが、リールの扱いに慣れさえすれば誰にでも楽しめる。非常にお手軽な釣りであり、家族連れやカップルでの釣行にもうってつけだ。

キス

鬼アジ

鬼アジ

夏に謳歌する特大美味アジの釣り

鬼といってもアジに角が生えているわけではない。「鬼のようにデカいアジ」だから鬼アジだ。大阪湾口は和歌山県の友ヶ島と兵庫県淡路島の由良にまたがる、紀淡海峡周辺で釣れる40㎝オーバー、50㎝オーバーの超大型マアジを「鬼アジ」と呼ぶ。

この大型アジは年中、その周辺を回遊しているようで、ねらえば他のシーズンも釣れなくはないといわれるが、とにかく梅雨時期から夏場にかけて脂が乗り、最高に美味しくなるため、あえて旬以外はねらわない。例年、大阪府の阪南から泉南にかけての各港から出船する多くの遊漁船も、お盆を過ぎればタチウオねらいにシフトしていく。

関西では体色の特徴からマアジのことを赤アジ、マルアジのことを青アジと呼ぶ。食べて断然美味しい赤アジの中でも、赤というより非常に黄色みが強い黄アジと呼ばれるものが最高ランクだ。マアジの大型個体である鬼アジは本来、赤アジのはずなのだが、ここまで大きくなると全体に黒っぽい印象のものが多くなる。

この黒っぽいカラーも「鬼」と呼ばれる一因のようだが、釣りあげた鬼アジから受ける印象は黒もしくは黄色。やはり脂が乗った旬には、黄色みが浮き出た個体の魚が多くなるようである。いずれにしても抜群に美味い。

釣り場の水深は40m前後から深いところで80m。ほとんどの場合、根は荒くなく緩やかなカケアガリ。ところどころに魚礁はあるものの、根掛かりのリスクはそれほど高くない。ただし紀淡海峡の影響を色濃く受けるエリアなので潮流はかなり速い。遊漁船はスパンカーを立てて流し釣りするため、前後左右の釣り人とのオマツリが珍しくないが、船長や助手に助けてもらいながら、賑やかに大ものをねらう。

船タコエギング

ブランドマダコを あの手この手で

何てったって「明石だこ」。関西の船釣りといえば、この明石のマダコが欠かせない。明石浦漁港や林崎漁港、東二見漁港など明石市の各漁港から出船する遊漁船は、天気さえよければ満員御礼の日々が3〜4ヵ月は続く。シーズンのスタートは船によって差はあるが5〜6月。テンヤタチウオが本格化する8月末で一旦お休みし、10月半ば以降から再び秋タコをねらう遊漁船もある。

　明石界隈で船のタコ釣りといえば、数年前までは手釣り、もしくはサオを使っても、羽子板と呼ばれるタコテンヤにエサを縛り付けてのエサ釣りがほとんどだった。だが、ここ数年で状況が一変。ほとんどの遊漁船、ほとんどのお客さんがタコ餌木やタコスッテを利用した、いわゆる「船タコエギング」ばかりになった。元々のタコ釣りファンに加え、普段はジギングやタイラバなどを楽しむルアーアングラーの参入もあり一気に火がついている。

　基本的にはオモリにタコ餌木もしくはスッテを取り付けたシンプルな仕掛けで海底を引きずりながらタコが乗るのを待つ。流行しだしたころは餌木かスッテ1個だけというスタイルだったが、タコへのアピール力をよりアップさせるために、いつしか餌木、スッテの2個付けが主流になった。2個とも餌木もしくはスッテでも構わないし、餌木とスッテ1個ずつという組み合わせも効果がある。さらに餌木にラバースカートをプラスしたり、仕掛けの上部にカワハギ釣りのような集寄を取り付け、いかにタコの興味を引くかを競い合う。釣り人それぞれのこだわりと知恵の絞りどころだ。カラーも大切で、ポイントの水深や天気、光線状態で乗りのよいものをいち早く見つけた人の釣果がアップする。

船タコエギング

カワハギ

カワハギ

関西では発展途上 だからこそ要注目

船のカワハギ釣りに関して関西は発展途上である。近年はカワハギの人気上昇にともない専門の遊漁船も増えてきてはいるが、カワハギの人気が非常に高い東京湾などに比べると釣り方のバリエーションもまだまだだ。その分、開拓の余地は大いに残されている。

そんなカワハギ事情の関西で注目を集めているのが和歌山市の加太。大阪湾と紀伊水道の境目に浮かぶ友ヶ島周辺を漁場とし、高級ブランドのマダイやアジを筆頭に青もの、メバル、タチウオなど、さまざまな魚がねらえる関西有数の遊漁船基地である。その加太で唯一カワハギ専門便を出しているのが三邦丸だ。

シーズンは9月からぼちぼち釣れ始め10～11月が最盛期、釣れぐあいによっては年明けまでカワハギねらいを継続することもある。春は3月末から4月いっぱいが釣期だ。

釣り方は関東にならい下オモリ式で上部に集奇をセットしたドウヅキ仕掛け。エサにはアサリのムキ身を使用することが関西でも一般的になっており、加太をはじめカワハギをねらう遊漁船の釣り客の大半がこのシステムでの釣りである。

繊細な誘いを駆使し微妙なアタリを取って掛け合わせるという、非常にマニアックなところがカワハギ釣りの魅力であり、多くの釣り人に支持されている部分ではあるのだが、慣れないとなかなか難しい。

そこで三邦丸ではオリジナルのカワハギ専用テンビンを考案。吹き流し式にした仕掛けでアオイソメをエサにする釣りも推奨している。

ドウヅキ式が「誘って」「掛け合わせて」「攻撃的に」釣りあげるのに対し、テンビン式は、確率はそれほど高くないものの、アタリが取れなくても何尾かは自動的に釣れてしまうという大らかな特徴を持つ。

マダラ

日本海で楽しむ エサ釣りorタララバ

マダラというと北海道や東北地方など北の魚というイメージが強いと思うが、関西地方でも日本海側では釣ることができる。

まずはエサ釣り。こちらは〝ねらって〟釣ることができる。京都府宮津の新幸丸などでは毎年7〜12月の半年間もマダラねらいで出船しているのだ。マダラは日本海や東北地方以北の太平洋の沿岸から大陸棚斜面の底近くに生息。夏は水深800mもある深海にも生息するが、産卵期の冬に向けて浅場に移動する。

ちなみに伊根の手前、養老漁港から出船する新幸丸の場合、ポイントまでは1時間ちょっと。釣り場の水深は160〜230mの中深海ラインで、そのボトム付近を探る。

仕掛けはドウヅキ式の3本バリがおすすめで、エサはスルメイカとサンマの切り身を使用する。サンマは生のほかに、塩締めタイプを用意しておくのもよい。

そしてもう1つ、タイラバでもマダラをねらえることがある。こちらはタイラバ（マダイねらい）メインで出船し、潮待ちの時間帯にマダラを釣らせてくれるというもの。タイラバならぬ、〝タララバ〟だ。

マダイは潮が動く時間帯に食う（それ以外はアタリが減る）という時合が比較的はっきりしている。舞鶴のタイラバは元々深場ねらいでの出船なので、釣り客のリールにはPEラインが400m以上巻かれており「それなら水深200m強をねらうマダラポイントで釣りをするのも可能だろう」というのがタララバの始まった理由なのだとか。

手巻きリールで楽しむ釣りの限界ではあるが、釣果は着実にあがっており、タイラバのタックルで数kgから10kgクラスのマダラが掛かる釣りは興奮すること間違いなしだ。

マダラ

深海釣り

深海釣り

クーラー1つで手軽に高級魚釣り

キンメダイにアコウダイ。水深数百mもの深い海に住む、これらの赤い魚たちの魅力は何といっても「食べて美味しい」こと。一般的にはなかなか手に入らない魚だし、購入するにしても「金目鯛の干物」ともなると極上品は1枚2000円もするのだから、ああオソロシイ！

じゃあ、自分で釣っちゃえば？とまで簡単にはいかないが、キンメやアコウダイをねらう深海釣りが近年人気上昇中だ。ただし、深海釣りタックルを一式すべてそろえようと思うと確実に10万円を超える。たとえばリール。深海釣りでは、文字通り水深500mといった深場もねらうが、歯の鋭い魚にミチイトが途中で切られる高切れなどのリスクもあり、リールには水深の倍の長さのミチイトを巻くのがセオリー。つまり、リール1つとっても大型で高性能のものが必要になる。うーん、キンメにアコウダイは食いたいけど、そのお値段では、年に何回も釣行するわけでもないし……。

ところが、クーラーひとつ持参するだけで、そんな深海釣りが体験できる船宿が和歌山県に存在するのだ。深海釣りが盛んで船宿も多い関東、東海方面なら当たり前（？）かもしれないが、白浜町の富田浦袋港から出船する代々丸には、ありがたいことに深海釣りのレンタルタックルがある。仕掛けも船上でオリジナルが購入可能。エサ代も船賃に含まれている。

出船は早朝。最初のポイントに到着するのは、朝もやの中に陸地がぼんやり見えるまでになる40分後だ。釣り場は南紀白浜沖の水深300mライン。ここでキンメダイをひとしきり釣ったあと、水深500mラインに移動してアコウダイをねらう。

イカメタル

イカメタル

メッカ若狭湾に加えて新しい釣り場も注目

この釣り発祥の地とされる若狭湾は、古くからイカ漁が盛んな地域であり、初夏になれば現地でいう白イカ、つまりケンサキイカを本命として多くのイカ釣り遊漁船が出船する。集魚灯を煌々と灯してイカを寄せ浮かせてねらう方法は現在も変わらないが、大きく違うのは、最近はライトタックルと鉛スッテ1個という、ルアー感覚のイカメタル人気が非常に高いことだ。イカメタルは自ら誘ってアタリを出し、繊細なアタリを掛け合わせる。これが数年前から若いアングラーを中心に大ウケしている。

仕掛けは鉛スッテ1個の「ひとつスッテ」スタイルから、現在は数十cm上に短い枝スを出し、その先に浮きスッテもしくは餌木を取り付けた「ドロッパー式」、いわゆる「小浜リグ」が主流になった。今では各地でこの仕掛けがスタンダードになっている。

若狭湾では、シーズン初期は水深40mまでの岸寄りで胴長40cmをオーバーする大剣（パラソル級のケンサキイカ）が釣れるが、梅雨が明け真夏になるとポイントが沖の深場に移動。小型が多く混じるようになるが、アタリが繊細でそれを掛けて釣るのがまた面白く、何より身が軟らかくて食味がいい。

そしてもう1つ、三重県南部の太平洋岸、いわゆる紀東エリアでは、数年前から冬場のイカメタルゲームでヤリイカやケンサキイカが釣れるようになった。シーズンは1月末から3月中旬までだが、胴長20cmほどの小型から大型、いわゆるパラソル級までサイズはバラバラなものの、多い時は一船で300杯という釣果もあがる。こちらも見逃せない。

四季の釣り実践&レポート

関西各地の船宿での実際の釣りをとおして、
必要な道具、釣り方の基本、上達のポイントをアドバイス。
次の休日は、イメージを膨らませて船釣りへ！

❶ 船テンヤタチウオ／**春日丸**
❷ 船テンヤタチウオ／**丸松乗合船**
❸ 船テンヤタチウオ／**三邦丸**
❹ 船テンヤタチウオ／**上丸**
❺ タイラバ／**白墨丸**
❻ タイラバ／**サウスカレント**
❼ タイラバ／**珀宝丸**
❽ タイラバ&タラバ／**Tops Japan**
❾ 落とし込み／**純栄丸**
❿ 落とし込み／**第二清洋丸**
⓫ メバル／**近藤丸**
⓬ メバル／**釣人家**
⓭ イサギ／**第十二岬丸**
⓮ シロギス／**知々丸**
⓯ 鬼アジ／**漁幸丸**
⓰ 船タコエギング／**近藤丸**
⓱ カワハギ／**三邦丸**
⓲ マダラ／**新幸丸**
⓳ 深海釣り／**代々丸**
⓴ イカメタル／**竹宝丸**
㉑ イカメタル／**愛海丸**

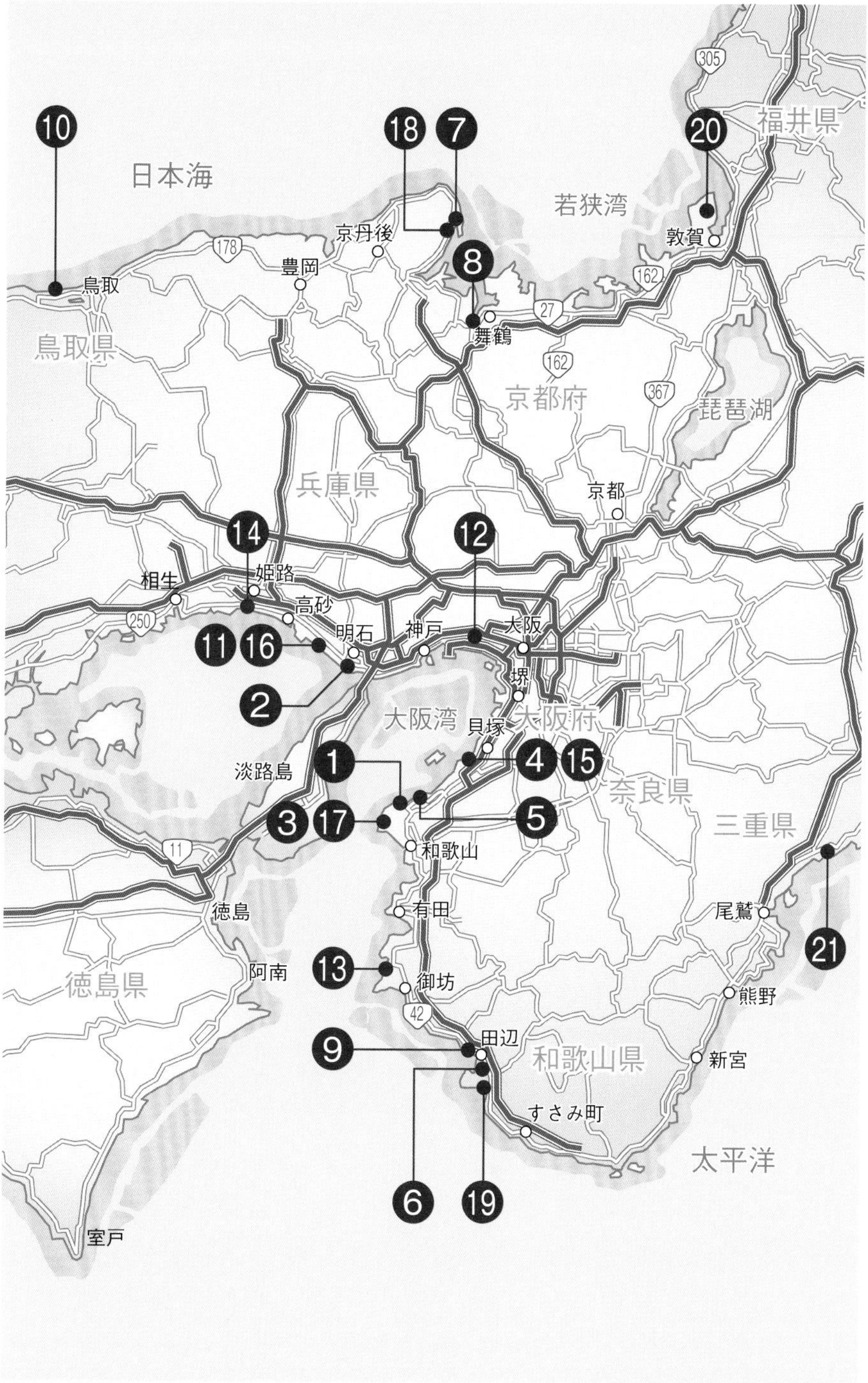
10
18
7
20
福井県
日本海
若狭湾
京丹後
敦賀
305
178
豊岡
8
鳥取
162
27
舞鶴
鳥取県
162
367
京都府
琵琶湖
兵庫県
京都
14
12
相生
姫路
高砂
明石
神戸
大阪
250
11
16
2
堺
大阪湾
大阪府
貝塚
淡路島
1
4
15
奈良県
5
3
17
三重県
和歌山
11
徳島
有田
尾鷲
21
13
阿南
御坊
熊野
徳島県
42
田辺
9
和歌山県
新宮
すさみ町
太平洋
6
19
室戸

取り込みは必ずリーダーを握って魚を船内に引き上げる

船テンヤタチウオの実践

2019年11月9日／大阪泉南谷川港出船／春日丸（船宿詳細P120）

基本の道具立て

2019年の11月上旬、菊池さんが訪れたのは、大阪府南部の谷川港から出船する春日丸。大阪湾のタチウオシーズンは例年夏から初冬まで。8月のお盆過ぎに一度食いが落ちる時期があるが、ハイシーズンはだいたい9～11月となる。この日はなかなかタフな状況だった。それまで大型まじりで好調に釣れていた淡路島の洲本沖に、ゲストのフグが多くなってしまったのだ。リーダーやラインを噛み切るフグはやっかいなゲスト。果たしてどうなるか？

船テンヤタチウオ

船テンヤタチウオのタックル

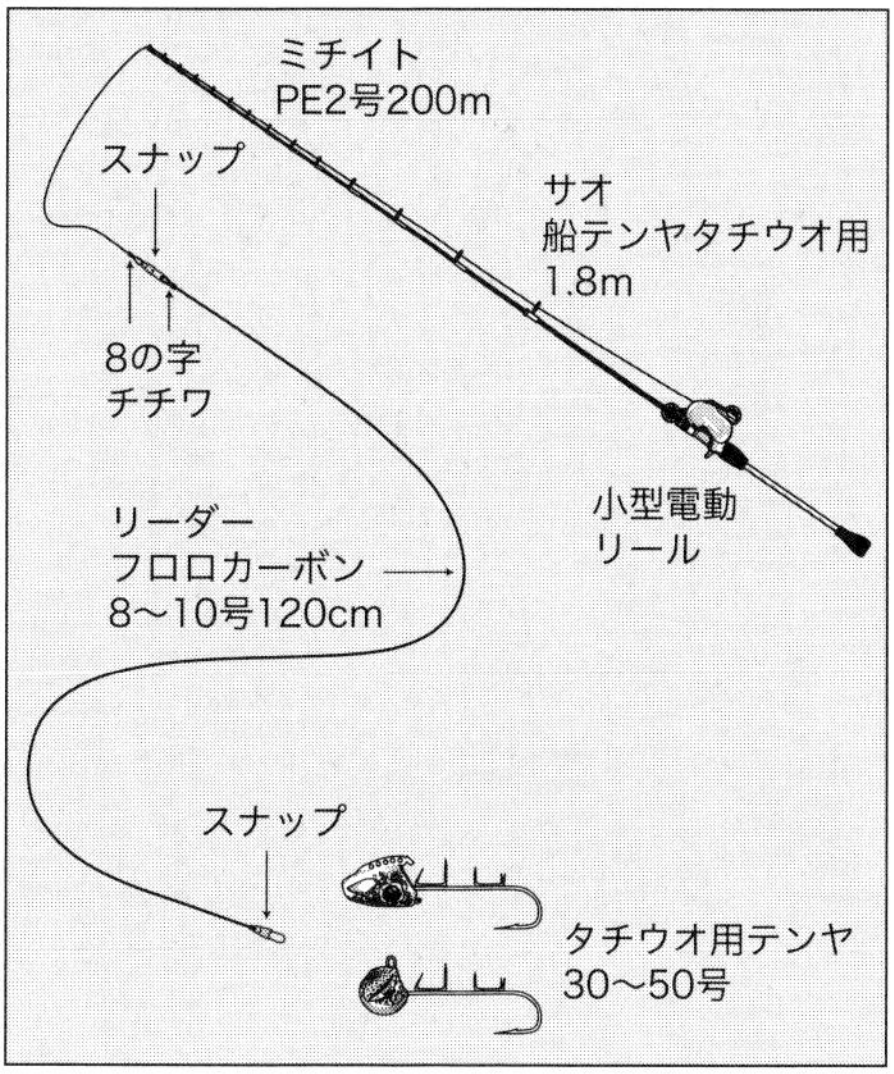

の標準的なタックルは以下のとおり。エサのイワシは船で配られ、そのまま使っても問題ないが、菊池さんは市販の締め剤に漬けてエサ持ちをよくしてから使っている。

●サオ

2m前後の船ザオ。専用ザオがあればベストだが、まずは船釣り用のライトゲームロッドでも楽しめる。ただし、軟調子のものはテンヤの操作がしにくいので、7：3くらいのミディアムヘビークラスがおすすめ。菊池さんはこの日、1・8mの専用ザオを使用した。

●リール&ライン

小型の両軸受けリールもしくは小型電動リール。船テンヤタチウオでは水深の深いエリア（100m〜）もねらうため、必要なラインを最低でも200m巻けるものを準備する。リールに巻くミチイトはPEラインの2号前後。PEの先端にはフロロカーボンのリーダー（8〜10号）を1・2m接続し先端にスナップを付ける。なお、釣れたタチウオを最後に船内に取り込む時は、リーダーを掴んでテンヤごと抜き上げるようにする。

●テンヤ

テンヤは船宿により指定された重さのものを使う。大阪湾では40号（150g）が標準。テンヤはロスする場合もあるので、30〜50号を1回の釣りで最低3個は準備したい。

指４本幅のメーター級。近年の大阪湾では普通のサイズだ

テンヤには大きく鉛タイプとタングステンタイプがある。タングステンタイプは高価だが、比重が重いため、同じ重さなら鉛タイプよりヘッドが小さくなる。

大阪湾のタチウオ用テンヤは40号が標準

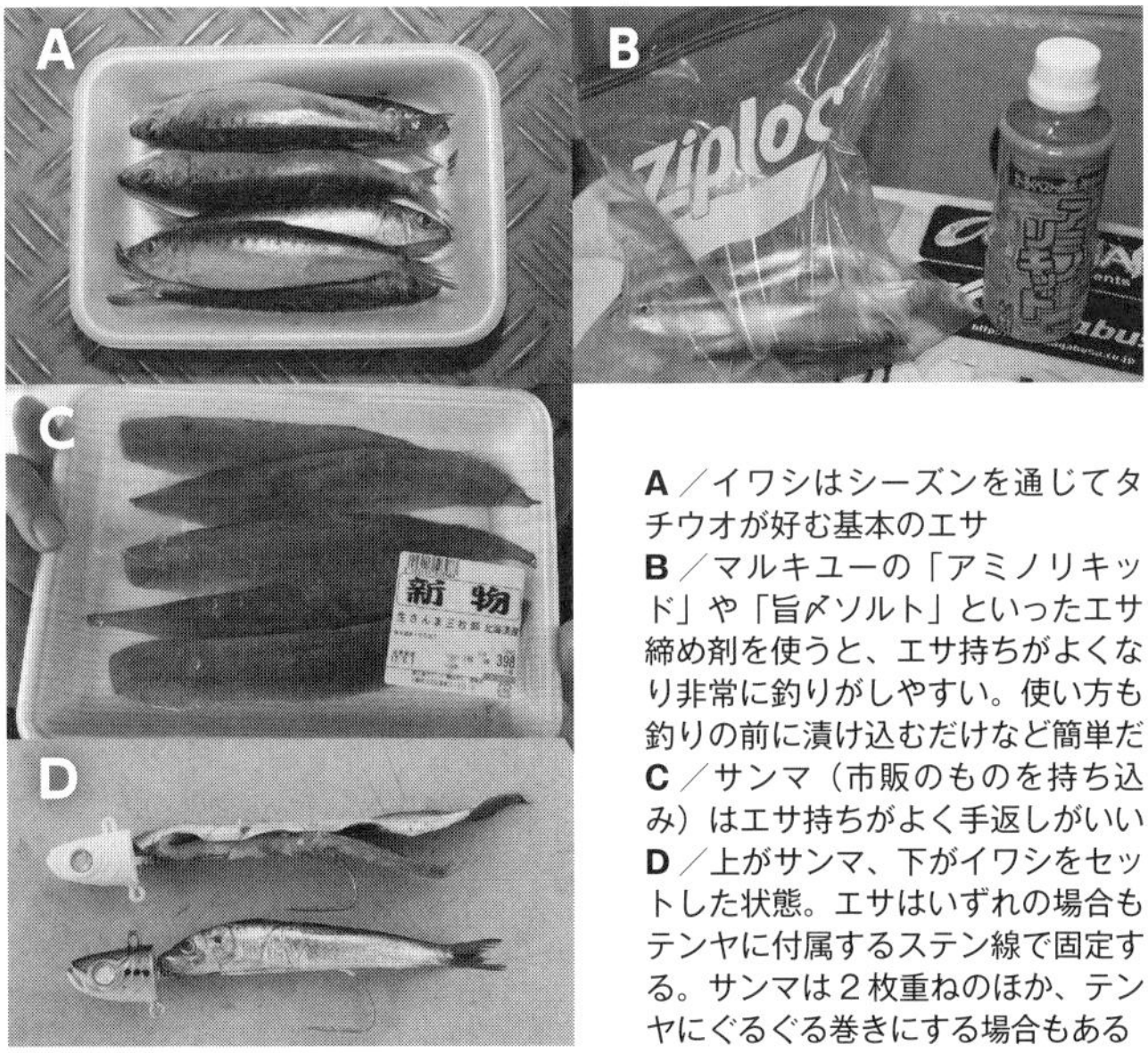

A／イワシはシーズンを通じてタチウオが好む基本のエサ
B／マルキユーの「アミノリキッド」や「旨〆ソルト」といったエサ締め剤を使うと、エサ持ちがよくなり非常に釣りがしやすい。使い方も釣りの前に漬け込むだけなど簡単だ
C／サンマ（市販のものを持ち込み）はエサ持ちがよく手返しがいい
D／上がサンマ、下がイワシをセットした状態。エサはいずれの場合もテンヤに付属するステン線で固定する。サンマは２枚重ねのほか、テンヤにぐるぐる巻きにする場合もある

テンヤにエサをセット

テンヤには釣り開始までの間にあらかじめエサをセットしておく。この日使用したテンヤはショートシャンクタイプ。通常サイズのイワシをそのまま付けると大きすぎるので、最初に頭部を斜めにカットしてからセットした。イワシはシャンクの上にまっすぐ取り付ける。海中で自然に動くよう、左右に傾かないようにするのが大切で、締めたイワシなら腹部に切れ目を入れ、シャンクに沿わせる方法を取るのもよい。シャンクに乗せたら、付属のハリガネで前方をきつめに3回、腹部は軽く斜めに1回、尾ビレの手前にきつく3回ほど巻くのが基本だ。余ったハリガネは、最後にシャンクに引っ掛けてから上方に出す。下から追って来たタチウオに嫌がられないようにするためだ。

上へ動かし、食い気のスイッチを入れる

船テンヤタチウオの基本的な釣り方は、船長からの釣り開始の合図に合わせてまずテンヤを底まで落とす。その後は、船長が指示するタナ（＝魚がい

イワシの付け方

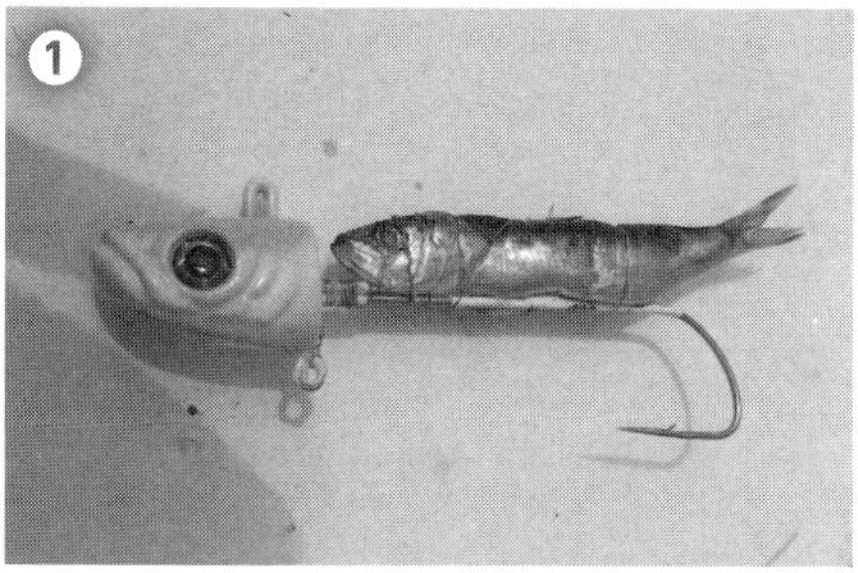

イワシは頭付きの丸ごとをセットするのが基本

応用として、菊池さんのおすすめは頭をカットする方法

締めてあるエサの場合は腹に切れ目を入れてもよい

シャンクの上の突起にまっすぐ乗せて刺し留める

横から見た状態

テンヤに付属のハリガネで前方をきつめに３回巻く

最もタチウオが食い付く腹部は
軽く斜めに１回巻く

尾ビレの手前にきつく３回ほど巻いて、
最後に余った部分はシャンクに引っ掛けて
から上方に出す

船テンヤタチウオの釣り方

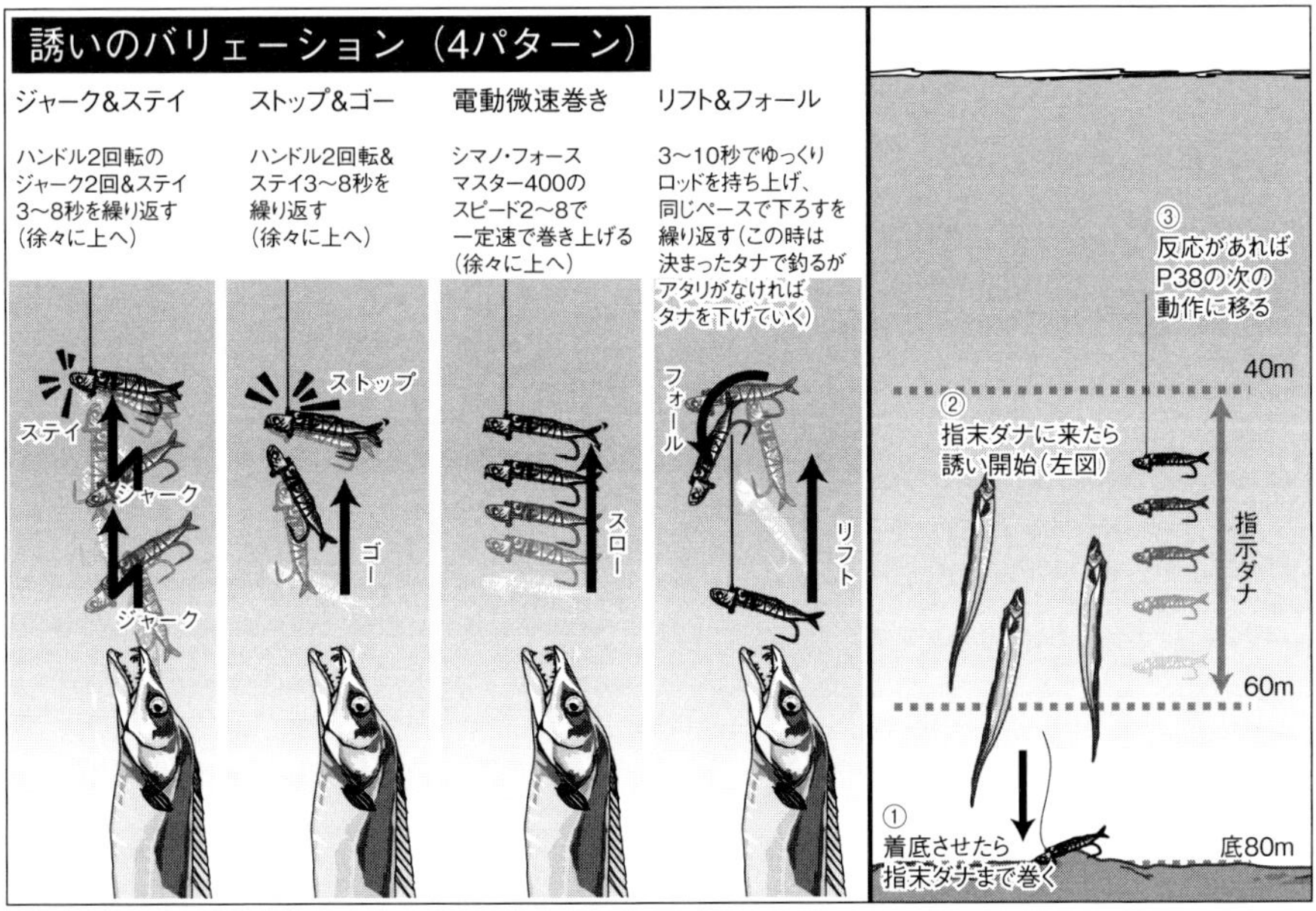
誘いのバリエーション（4パターン）
ジャーク&ステイ
ハンドル2回転のジャーク2回&ステイ3～8秒を繰り返す（徐々に上へ）
ステイ
ジャーク
ジャーク
ストップ&ゴー
ハンドル2回転&ステイ3～8秒を繰り返す（徐々に上へ）
ストップ
ゴー
電動微速巻き
シマノ・フォースマスター400のスピード2～8で一定速で巻き上げる（徐々に上へ）
スロー
リフト&フォール
3～10秒でゆっくりロッドを持ち上げ、同じペースで下ろすを繰り返す（この時は決まったタナで釣るがアタリがなければタナを下げていく）
フォール
リフト
③ 反応があればP38の次の動作に移る
40m
② 指示ダナに来たら誘い開始（左図）
指示ダナ
60m
① 着底させたら指示ダナまで巻く
底80m

ると思われる水深）の中でシャクリを行ない、〝動かす〟と〝止める〟の連続でタチウオを誘う。ポーズのほかに意図的なフォールも入れる時はあるが、シャクリ始めたら、常に上へ上へと動かしていくイメージだ。

　アタリはテンヤを止めている時に出ることが多い。そして、アタリが感じられたら、そこからさらにテンヤを動かし続け、タチウオにスイッチが入ってしっかりテンヤに食い付く〝本アタリ〟が出たところで大きくアワセを入れる。

　ねらう水深は、時期や状況によって変化するが、大阪湾なら神戸沖で40～90m、洲本沖で50～120mくらいが一般的。まずは船長の指示に従えばよいが、目安としては底からその場の水深の半分くらいまで（※水深80mのポイントなら、底から40mまで）を誘ってみるとよい。この日は谷川港から至近距離で谷川沖とも呼べる、友ヶ島の北側に位置する水深70m平均の通称「アカマツ」と呼ばれる場所での釣りになった。

一次スイッチと二次スイッチ

　タチウオの活性は二段階に分かれる。「一次スイッチ」と「二次スイッチ」だ。

　一次スイッチとはタチウオがテンヤを見つけ接近し、じゃれ付くようになった状態。ただし、ここでアワセを入れてもハリには掛からない。そこから次の誘いを入れることで、テンヤを押さえ込み、エサのイワシを口にする二次スイッチが入る状態に持っていく。タチウオの活性が高い場合は、一次スイッチをとばしてそのまま二次スイッチが入る。いきなりサオが舞い込むとか、

上／掛けたあとは心地よい重量感。激しく抵抗する時は無理をせずサオで耐え、一定のペースで巻き上げる **下**／この釣りはタチウオがエサを捕食したタイミングでハリを頬から掛ける「外掛け」が基本だ

逆に食い上げるアタリが出る時がそうだ。こういう場合は即アワセ。非常に簡単で誰にでも釣れる。ただ、実際にはもう一段階の誘いを駆使しないと二次スイッチが入らない状態が多い。

　二次スイッチを入れる具体的な誘い方は「ジャーク&ステイ」「ストップ&ゴー」「電動微速巻き」「リフト&フォール」の4つ。そこから得られる反応で、さらに対応を変える。菊池さんはこれを「深追い掛け釣法」と名付けている（別図参照）。船テンヤタチウオは待ちの釣りではなく、積極的に仕掛ける攻撃的な釣り。可能な限りタチウオがテンヤをくわえる状態を作り出せれば、この釣りの魅力にどっぷりハマることができる。

止めた時にサオ先を下げない

　この日は船全体でアタリはあるものの、なかなかサオ先を押さえ込む本アタリに持って行けず、ロッドが空を切

「深追い掛け釣法」とは?

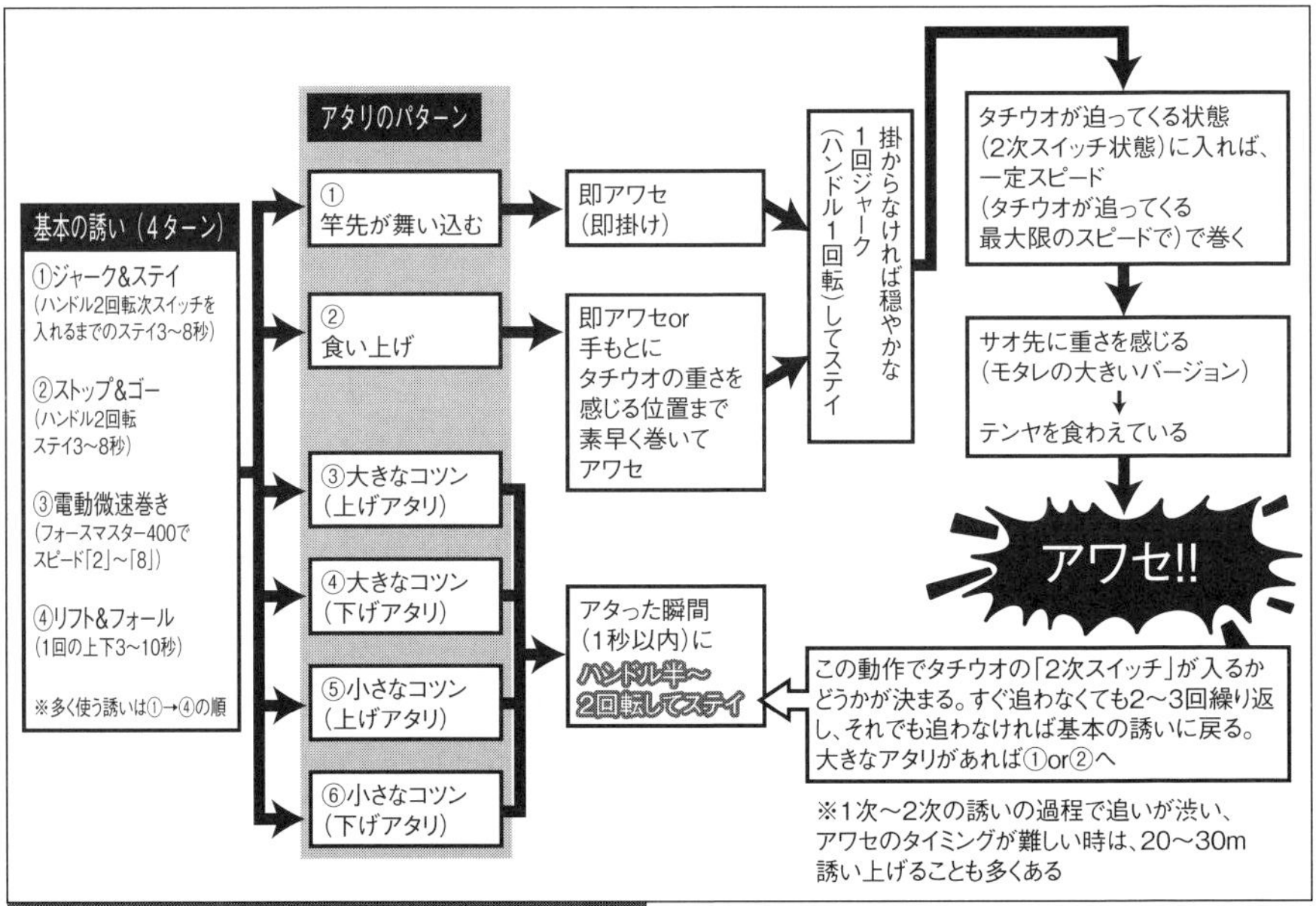

基本の誘い(4ターン)
①ジャーク&ステイ
(ハンドル2回転次スイッチを入れるまでのステイ3〜8秒)
②ストップ&ゴー
(ハンドル2回転ステイ3〜8秒)
③電動微速巻き
(フォースマスター400でスピード「2」〜「8」)
④リフト&フォール
(1回の上下3〜10秒)
※多く使う誘いは①→④の順
アタリのパターン
①竿先が舞い込む
②食い上げ
③大きなコツン(上げアタリ)
④大きなコツン(下げアタリ)
⑤小さなコツン(上げアタリ)
⑥小さなコツン(下げアタリ)
即アワセ(即掛け)
即アワセor手もとにタチウオの重さを感じる位置まで素早く巻いてアワセ
アタった瞬間(1秒以内)にハンドル半〜2回転してステイ
掛からなければ穏やかな1回ジャーク(ハンドル1回転)してステイ
タチウオが迫ってくる状態(2次スイッチ状態)に入れば、一定スピード(タチウオが追ってくる最大限のスピードで)で巻く
サオ先に重さを感じる(モタレの大きいバージョン)
テンヤを食わえている
アワセ!!
この動作でタチウオの「2次スイッチ」が入るかどうかが決まる。すぐ追わなくても2〜3回繰り返し、それでも追わなければ基本の誘いに戻る。大きなアタリがあれば①or②へ
※1次〜2次の誘いの過程で追いが渋い、アワセのタイミングが難しい時は、20〜30m誘い上げることも多くある

タチウオの一次スイッチを入れる「4つの誘いパターン(基本の誘い)」と、そこで出るアタリのパターンに応じた「掛けるまでの操作」の組み合わせが、菊池さんの提唱する船テンヤタチウオの「深追い掛け釣法」。本アタリが出れば即アワセ、それ以外の時はアタリの大きさ、アタリのある間隔でリール(テンヤ)を巻く距離、スピードを調整するというのが基本になる。

る人が多いという状況だった。しかし、そんな中でも「深追い掛け釣法」を実践した菊池さんは、着実にアタリを取りタチウオを掛けていく。菊池さんは途中から、「おっ!当たってますよ。止めないでそのまま巻き続けてください」「そこですかさずハンドルを半回転させて!」など、隣で釣っていた入門したてのアングラーにもアドバイス。さらにこの時、誘った直後にサオ先の位置を意識して下げないようにすることも伝えていた。「サオ先の上下動の下の位置というか、シャクったサオ先を最後に下げて止めてしまう人が経験者でも実に多いのですが、この動きは下からエサ(テンヤ)を追いかけてくるタチウオによくありません。誘い直後のサオ先は、必ずシャクリ上げた状態、すなわち上の位置で止めてください」と菊池さん。実際、それらのアドバイスを実践して「これまで取れなかったアタリがモノにできました!」と感謝される場面もあった。終わってみれば、33尾で船中トップのサオ頭で一日を締めくくった。

Column

大阪湾ドラゴンサイズのねらい方

大阪湾では長さ120㎝以上、重量で約1㎏を超えるような大型のタチウオを〝ドラゴン〟と呼ぶ。このサイズを釣ることは、多くの船テンヤタチウオファンの目標だ。菊池さんが考える大ものねらいのポイントとは？　そのエッセンスは船テンヤタチウオ釣りのあらゆる場面で応用できる。

文・菊池雄一

●タナ（レンジ）

大型のタチウオはボトム付近か、あるいは他のタチウオがよく当たるタナよりも、少し上の浮いたタナ（レンジ）で当たることが多い。アベレージサイズがよく当たる中層は、意識して外してみることが時に必要になる。

その際、ボトムねらいではステイか超スローな誘いが有効。反対に浮いたレンジでは速巻きかストップ&ゴーが有効なことが多い。

ボトム付近の時は潮があまり動いていない状況が多く、タチウオも底付近でじっと待っている。これは警戒心が非常に強い状態なのでスローな誘いが有効になる。冬場の低水温時など、低活性時の釣りが想定される。

逆に浮いたタナで食う場合は、タチウオが積極的に捕食行動をしているタイミングが多く、比較的に警戒心が薄れた個体が多い。晩秋の最盛期等、高活性時の釣りでこうした状況が起こりやすい。

●潮（潮流）

潮の流れもやはりドラゴンサイズの釣果に大きく影響する。「潮の動き始め」「止まる寸前」「二枚潮のような潮がよれているタイミング」は、ドラゴンサイズの可能性も高くなるので、特に意識して釣りたい。

●誘い（アクション）

基本の誘いはストップ&ゴーで、あとはステイか微速巻きが有効な時が多いが、その他にフォールや高速巻きで反応することもよくある。この時、ジャークを入れると警戒心の薄い小型のタチウオにスイッチが入ってしまい、大型より先に釣れる可能性が高くなるのでおすすめしない。

タナとの組み合わせで考えると、まずボトム付近なら、緩やかなストップ&ゴーやロングステイ。さらにはスローテンションフォールなどでねらう。あるいは、真逆のパターンで、活性の低いであろうタチウオに速い誘いやジャークを織り交ぜるような誘いも試してみる。また、浮いたタナであれば、高速巻きや、ステイ短めのストップ&ゴーなどを行ない、さらに速いスピードでのフォール誘いも有効だ。

●「深追い掛け釣法」を徹底する

ドラゴンサイズになればなるほど、最初のアタリは極端に小さいことが多く、もしくは反対に、いきなりとんでもない引き込みをする。

最初のアタリが小さい場合は、バイトが

あった瞬間から「深追い掛け釣法」を実践することで、私の考える二次スイッチが入りやすくなり、フッキング可能なアタリに変えることができる。もしくは、最初にバイトしたタチウオの動きで、その付近にいた別個体の活性が一気に上がりバイトしてくる。いずれにしても、相手がドラゴンサイズになるほど、「深い追い掛け釣法」を徹底したい。いきなりとんでもない引き込みが来る場合は、最初のアタリを見落としているか、当たる前に次の誘いを入れていて、自然な流れの中で「深追い掛け釣法」ができていることが多い。

●テンヤ

テンヤのフォルム（シルエット）やスピードも考える。ドラゴンサイズになれば、基本的に警戒心は強いので、テンヤのフォルムやシルエットは極力小さいほうがよいことが多い。すると、テンヤのウエイトも可能な範囲で軽くすると効果が期待できる（船の指示に従う必要はあるが）。また、エサ付けも含めてシルエットもなるべく小さく見せるようにすると可能性が広がると考えられる。

また、スピードとは、主にフォールスピードのこと。フォールが速いタイプのテンヤを選ぶことで、一瞬の動きでタチウオの捕食スイッチを入れられるチャンスが増える。

この2つを考慮すると、タングステンテンヤの優位性が際立つ。実際、これまでにタングステンテンヤを投入した直後にドラゴンサイズがヒットする場面が幾度となくあった。ただし、中層でタチウオの捕食スイッチがガンガンに入っているような状態では、とにかくアピール力を高めればよいことが多く、その時はシルエットも大きくしたほうが効果的なことがある。また、可能な場合には、テンヤのウエイトを重くし、速いスピードで大きなシルエットにすると結果が出ることもある。

●エサ

私が考える〝ベターなエサ（ベストではない）〟はイワシだ。理由は身が柔らかく、タチウオの大好物であり、あらゆる状況に対応可能だからである。大阪湾でイワシと並んで使用されるサンマは、イワシに比べて集魚効果が高く、エサ持ちも非常によい。ここでいう集魚効果とは、匂いや脂分のことだが、特にタチウオの活性が高い時はサンマが効果を発揮する。ただし、言い換えれば警戒心の薄い小型のタチウオを寄せる効果が強く、ドラゴンに見せる前に小さなタチウオのバイトを誘発することにもなる。また、低活性時や定水温期には、タチウオがサンマの匂いや脂分を嫌がることがあると感じている。そうしたことから、エサはやはりイワシがよいと考えている。

これらの他にも、次のようなことを意識しているのでご紹介したい。

●潮回り

よいと感じる潮回りは、小さな潮から大きな潮になるタイミング。つまり「中潮→大潮」のタイミングである。基本的にダメな潮というのはないのだが、大潮の3日目～中潮前半にかけての、潮に濁りの入った時は苦戦することが多い。

●テンヤのカラー

テンヤのカラーは、高活性の場合、グロー系統のアピール重視タイプを選ぶが、小型のタチウオのバイトが多い場合、ケイムラや夜光塗料をあまり使っていないナチュラル系統のカラーがおすすめ。

●サオ

ドラゴンサイズは警戒心が強いので、ある程度バット部分に柔軟さを持ったサオがおすすめ。現在、私がよく使っているのはシマノのサーベルマスターXチューン73M190である。なお、強烈な引きによって口割れが起きる可能性がある場合は、リールのドラグ調整も必要になる。

●やり取り

ドラゴンサイズになると、残り20m前後のところで大きく暴れることがよくある。この時、リールを高速で巻き上げていると、ラインブレイクや口切れが起きバラシに繋がるので注意する。

●取り込み

これはドラゴンサイズに限らないが、特に魚のサイズが大きい場合、取り込み時は必ずリーダーを持って手で抜きあげる。大きなサイズになるとサオで抜き上げることはできず、また、サオで抜き上げてしまった場合、タチウオが急に外れた時にテンヤが振られて非常に危険。自分はもちろん、周囲の釣り人に大怪我をさせてしまうので絶対に避ける。

菊池さんの釣った大阪湾のドラゴンサイズ（現在の自己記録である133㎝）。大ものを意識してねらうことで、この釣りはさらに面白くなる

大阪湾の船テンヤタチウオは、熱心なファンが日々増えておりテクニックも進化している。そうした釣り仲間との時間も楽しい

秋の好日を満喫。ボトムねらいに切り替えた後半はサイズも揃いだした

REPORT

高活性を満喫したハイシーズンの釣り

2017年9月1日／兵庫明石浦漁港出船／丸松乗合船（船宿詳細P119）

4つの誘いをおさらい

2017年の9月上旬、この日菊池さんがやって来たのは、タチウオねらいのシーズン初日を迎えた明石浦漁港の丸松乗合船。菊池さんが「ここで経験を積ませてもらわなかったら、今の自分はありません」と言う多くを学んだ船宿だ。

テンヤを沈めてから一次スイッチを入れるために行なう誘いは4パターン。ジャーク&ステイ、ストップ&ゴー、電動微速巻き、リフト&フォールである。これでタチウオに一次スイッチが入ると穂先に前アタリが出るので、さらに二次スイッチが入った本アタリから掛けアワセにまで持っていく。

ジャーク&ステイとストップ&ゴーのミックス

午前6時に明石浦漁港を出た船は、明石海峡大橋を越えて神戸沖まで30分ほど航行した。最初のポイントは水深93m。「底から20mほどで釣り始めてください」と船長のアナウンスが入る。最初のヒットは午前7時前だった。

水深65mからジャーク&ステイ、ストップ&ゴーを織り交ぜた誘いをすると一次スイッチが入る。すぐにハンドル半回転の後、少しステイ。その後スローに巻くと水深55m地点でコンという軽く押さえ込む本アタリが出た。その後、レンジは多少上下するが同様のパターンで4尾目までをゲット。ただし本アタリが出てもフッキングには至らないことも何度かあり、これはシーズン初期でまだ夏タチと呼ばれる指幅3本までの小型が多く、活性も本格化していないためハリに乗らないものも多いのが理由と思われた。

5尾目は62mスタートで本アタリが出たのは50m。スローでやさしめのジャークで一次スイッチを入れたが、二次スイッチが入るまで時間がかかった。このパターンで7尾目までをゲット。テンヤは夜光とオールケイムラ、エサはイワシとサンマを使い分けているが釣れ具合に差はない。

8尾目はパターンが変化。78mまで落としたところで、穂先にもたれるようなアタリ。これは即アワセでゲット。これを機に誘うレンジをボトム付近からのスタートと深くする。朝イチよりもヒットレンジが深くなっている。9尾目は90mスタートで71mでもたれるアタリ。10～12尾目は85mスタートで80mでヒット。いずれもスローで緩めのジャーク&ステイを心がけていた。

高活性！底取り中にラインがストップ

8時50分ごろ、テンヤをナチュラルイワシカラーのものに交換する。魚が低活性な時や警戒心が強い大型をねらう時に使う冬場にも有効なカラーだ。85mスタートでジャーク&ステイ、ストップ&ゴーを織り交ぜ、前アタリが出た72m地点でハンドル半回転で二次スイッチを入れると穂先を大きく押さえ込む本アタリが出た。これが13～15尾目。

16尾目は85mスタートで78mのヒット。一次スイッチが入り穂先に小刻みな連続アタリが出たので、ストップ&ゴーを継続、もたれるような本アタリで掛け合わせた。「うまくいきましたが、朝よりもアワセが難しくなってきています」と菊池さん。この直後にもう1尾を釣った時点で、完全にボトムを取ってからの大型ねらいに切り替える。18～21尾目までは底から10m以内でのヒット。ストップ&ゴーでチョンと押さえ込むアタリ。そこからさらにハンドル半回転&ステイを繰り返して本アタリを出す。このパターンで、かなりの大型もヒットしたが、これはフッキング直後にハリ外れ。残念。

10時半に船はポイントを少し南へ2回移動する。水深は73mとやや浅い。底を取ってから誘い上げ開始、65mでチョンと穂先が戻る食い上げアタリ。これに活性が高いと見て60mまで早巻きし、ゴンと押さえ込む本アタリが出た。この時点からタチウオのヤル気が感じられるようになり、25尾目まで同様のパターン。そして26尾目がチョンの食い上げアタリでハンドルを1回転させた瞬間にドスンと重量感がある押さえ込み。テンヤはオールケイムラ、エサはイワシだった。

その後、ほぼ似たようなパターンで底付近を中心に釣り、ラストの34尾目は、一旦底を取り直すフォール中、「たぶん底まであと5mほど」というレンジでラインがストップするという高活性の魚をゲットして釣りを終了。タチウオのテンヤ釣りは、夏に多い二枚潮が落ち着きをみせる10月からが本番となる。この時のようにさまざまなアタリのパターンを探求できれば、その楽しさはひとしおだ。

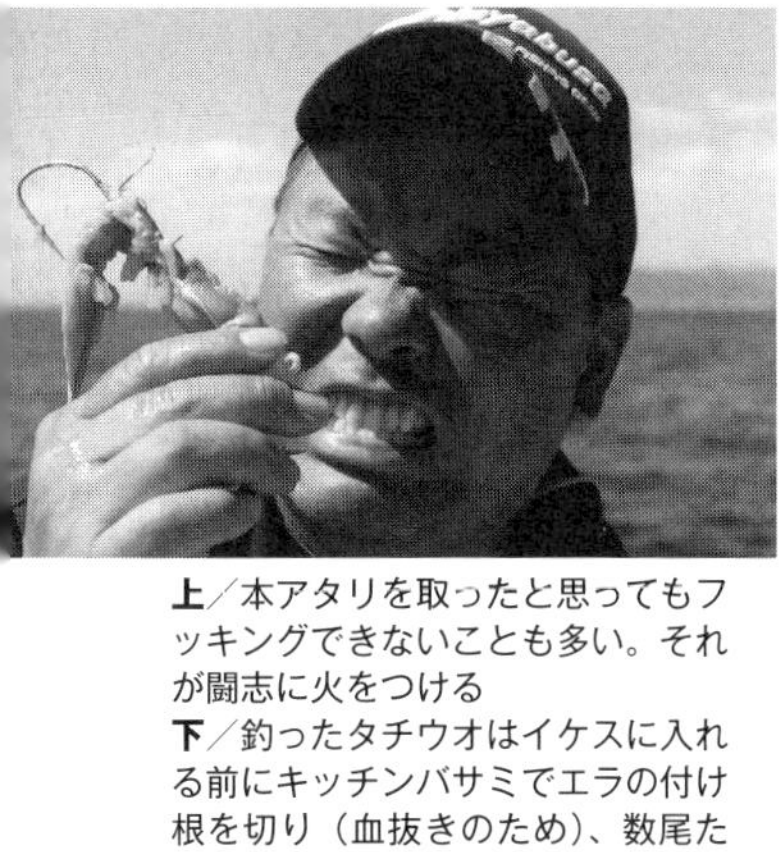

上／本アタリを取ったと思ってもフッキングできないことも多い。それが闘志に火をつける
下／釣ったタチウオはイケスに入れる前にキッチンバサミでエラの付け根を切り（血抜きのため）、数尾ためたら氷入りのクーラーへ移す

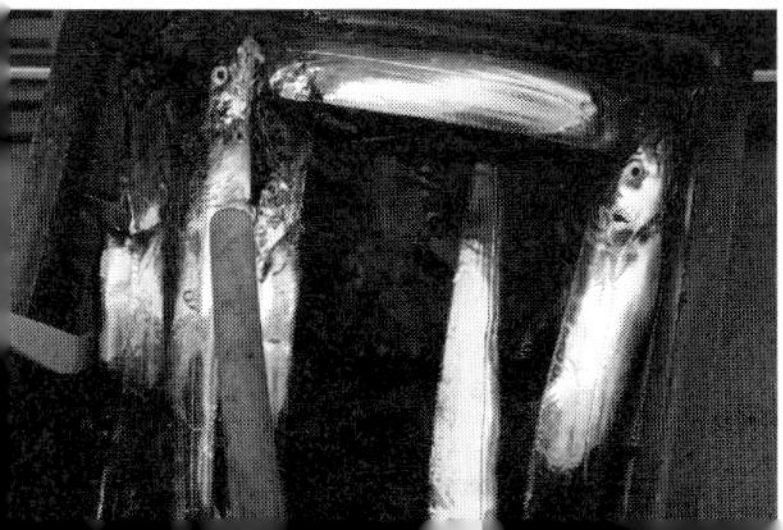

REPORT

厳寒期の深場タチウオ攻略

2018年2月8日／和歌山加太港出船／三邦丸（船宿詳細P121）

寒い季節にも次々と取り込み

大阪湾最南部の深場へ

大阪湾の船テンヤタチウオは、7月にシーズン入りし翌年3月いっぱいまでというロングラン。以前は12月頃までの釣りだったのがずいぶんと延びた。

春先までの低水温期は、盛期とはポイントが違う。夏から秋は神戸沖でも淡路島の洲本沖でも水深70mくらいまでの浅場を中心にねらうが、年が明けて水温が下がるとタチウオも水温が安定している深場に移動するため、水深100m前後のポイントを釣ることが多くなる。特にこの年の冬は神戸沖での釣果が早くダウンしたため、ねらえるのは洲本沖から紀淡海峡筋。状況しだいでは紀淡海峡を出て淡路島南部沖で釣ることもある。それでも賑やかな釣果があれば、神戸や明石方面の遊漁船もはるばる大阪湾南部までやってくるが、ここのところは大阪南部から和歌山市付近を基地にする遊漁船の姿しか見ることができなかった。

そんな状況の2月8日、8人の釣り客を乗せた三邦丸は午前6時前に加太港を出港。大阪湾口に横たわる友ヶ島の瀬戸を抜け、船がエンジンスローになるまで20分もかからない。神戸方面からだと1時間以上は走らなければならないが加太からならあっという間。6時過ぎ、キャビンからまだ暗い船上に出てみると……。

「アカマツやん」と菊池さん。アカマツとは友ヶ島の北にあるポイントで寒期に大型が出ることが知られているが、ここ最近ぱっとしない。「一か八かですね。釣れたらデカいけど……」と菊池さんの知人で船テンヤタチウオの競技会にも出場している釣り仲間。船長アナウンスによると水深は50～80mで寒期のポイントとしては浅い。魚探モニターにはベイト反応が色濃く出ており、タチウオもいるようなのだが、テンヤのエサには全くアタックしてこない。これが冬場の釣りなのだ。

柔軟なロッドにスローな誘いで

夜明け前後は北風が多少強かったが、それも明るくなるにつれ徐々に収まり波も大したことはなく、さらに小潮という好条件。菊池さんも同船者も「こんな釣りやすい日

わずかなアタリしか出ない。アワセのタイミングを間違えるとエサのイワシが……

ないねんけどね」と口を揃える。船長に聞けば表面水温は10℃前後と低いが海底近くではプラス2~3℃で、全くダメな低水温ではないらしいが、アカマツではアタリはなく1時間ほどで洲本沖の水深90~108mラインに移動した。

「実は昨日、別の船ですけど、午後からこのポイントで結構釣れたんです。大型もまじりましたよ。でも時合は短かったです」と菊池さん。冬場、低水温期の誘い方は盛期と違ってスロー&ソフトが基本だという。ジャーク&ステイの場合はゆっくりソフトにジャークしステイも長め。ストップ&ゴーでも同様だ。さらに電動微速巻き（自動のデッドスローで巻き続ける）も効果的。

ところが……！

前日は意外にも盛期なみの派手なジャークが有効だったそう。

「タックルはサオだけ盛期とは違うものを使っています。冬場の釣りには硬い先調子よりも軟らかめの7：3調子くらいがマッチします」と菊池さん。理由は誘って一次スイッチが入ったタチウオに二次スイッチを入れるため、できるだけ違和感なく深い追いさせてエサを食い込ませるためだ。

エサも盛期は集魚効果が高いイワシと、エサ持ちがよいサンマを使い分けることが多いが、低水温期のアタリが少ない状況ではイワシだけでOKなのだ。

洲本沖に移動してからはアタリが出るようになった。しかし非常に小さいアタリ。コツッと当たってもなかなか二次スイッチが入らず本アタリが分かりにくい。サオ先がもたれる程度。グンとサオ先が舞い込むことなど皆無。サオ先のもたれを察知し、そのなかでも大きくもたれたタイミングでアワセを入れる。しかし、これがなかなか難しい。菊池さんによれば「タチウオがエサのイワシを甘噛みしている状態だろう」という。これで運よく掛かってもハリ外れが多発。いわゆる超ショートバイトが多かったのだ。

この日、7尾の釣果で船中トップを取った菊池さんが多用したのは、多少派手めのジャーク、もしくはストップ&ゴーの後、心持ちロングステイで食う間を与え、チョンという前アタリが出たらスローに手巻きしサオ先のもたれを取ってアワセを入れるというパターン。「なんとか、深追い掛け釣法が成立しました。でも厳しかったですね」と菊池さん。水深100m前後でタナ70~80mでのヒットが多かった。

盛期のように、さまざまな誘いを駆使してアクティブに20尾、30尾と数釣るのがテンヤタチウオの魅力ではあるが、寒い時期に微妙なアタリを取り掛け合わせ、少ないチャンスをものにする釣りもこれまた楽しい。

水深101mからのストップ&ゴー、90mでヒットした一尾

REPORT

タングステンテンヤの使いどころ

2019年10月7日／大阪泉佐野出船／上丸（船宿詳細P119）

テンヤのチェンジで良型をヒット

ねらいは120オーバー

2019シーズン、大阪湾のテンヤタチウオスタートは7月中旬だった。神戸沖から釣れ始め、徐々に淡路島の洲本沖へポイントの中心が移っていくのは例年どおりだが、ハイシーズンの9月に入ると例年にないドラゴンラッシュでアングラーを驚かせた。ドラゴンというのは全長120㎝以上の大型タチウオのこと。「とにかく今年はサイズがよいです」と菊池さんも言うように、釣れれば指4本幅の良型がほとんどで、9月初旬に自己記録の130㎝オーバーをゲットしていた。

その昔、3m近くある長ザオをロッドホルダーに預け単純にスロー巻きするだけでタチウオがどんどん釣れた時代、そんなドラゴンがヒットするのはまれだった。ところが近年、特にこの年の秋は、遊漁船半日の出船で複数のドラゴンが記録されるのも珍しくない。

これにはワケがある。好奇心旺盛で無邪気な幼いタチウオが少なくなっているからだ。タチウオの個体数が多かった頃は、特大サイズがテンヤのエサにかぶりつくまでに小型が邪魔をするため、大型がテンヤのエサにありつける確率が今よりうんと低かった。これは船釣りだけでなく、陸釣りにも同様の傾向が見られる。陸っぱりタチウオの聖地である武庫川一文字などでも、近年はドラゴンサイズが珍しくない。もちろん船に比べると確率は低いが、全長120㎝、130㎝という超特大サイズがルアーや引き釣りテンヤにヒットしているのだ。

資源という点からいえば、あまり喜ばしい傾向ではないのだが、ドラゴンサイズのタチウオは昔の宝くじ的存在から、ねらって釣れるターゲットになったといってよいだろう。

タングステンテンヤで小型回避

10月7日、菊池さんが乗船したのは大阪府泉佐野市の食品コンビナート岸壁を基地にする「釣船 上丸（かみまる）」。大阪湾岸に数ある遊漁船の中でも、特に上丸はテンヤタチウオに特化した船で、「船長の言うことさえ聞いていれば間違いない」というファンが多い。

船は海上に出ても他船と一線を画す。「ドラゴンねらうなら上丸が一番です」と菊池さんが言うのは、まず他の船とはポイント取りが全く違うから。泉佐野の岸壁を離れた上丸は大阪湾を南下、洲本沖へ向かうコースだが、船長が船をストップさせたのは、多くの遊漁船がかたまる洲本沖からさらに南、大阪湾口にあたる紀淡海峡筋だった。

神戸沖や洲本沖の水深が60～80ｍ平均なのに対し、ここは深いところで150ｍというディープポイント。さらに複雑にヨレる潮流はすこぶる速い。一般的にテンヤタチウオは小潮回りなど緩い潮流の日がねらいとされる。捕食下手なタチウオは速い潮流の中だとテンヤのエサに上手くバイトできず、ショートバイトが増え釣果が伸びないからだ。特に小型タチウオほどその傾向が顕著なため、潮が速いと数は釣れないが大型のヒット率はアップ。つまり上丸は、あえて潮流が速いポイントに突入しドラゴンのバイト率がアップする状況を作り出している。

釣り方にもコツがある。そのカギになるのがタングステン製のテンヤだ。「球形ヘッドのタングステン製テンヤだと、アクションが派手ではありませんので好奇心旺盛な小型に先に食われることが少なくなります」と菊池さん。実際、この日も鉛製テンヤでは小型のヒットが多かったが、タングステン製に交換すると良型が連発したのには驚いた。

また「アタリが多く出るレンジは避け、そのレンジの下層もしくは上層をねらうのがドラゴンへの近道です」と菊池さん。ドラゴンクラスの大型タチウオは、小型が群れるレンジの上下の層でエサを遠巻きにしている。その際、特に下層をねらうなら、小型が多いレンジを、フォールアタリを避けつつ早く突破できるタングステン製テンヤが有効なのだ。ただし、速いフォールに付いて行けなかったサゴシなどのラインバイトも増えるので、高切れでテンヤをロスするリスクはアップする。現在、船テンヤタチウオの数釣り競技会では手返しが早いタングステンを使用する人が多いのだが、「タングステンは高価ですし、一般的には小型ばかりでサイズアップしないという、ここぞというタイミングでの使用をおすすめします」と菊池さん。それこそがタングステン製テンヤ本来の使用用途ともいえる。

数よりも型……これがテンヤタチウオの主流になる日は近いのかもしれない。この日も上丸は船中全体でドラゴンラッシュとなった。

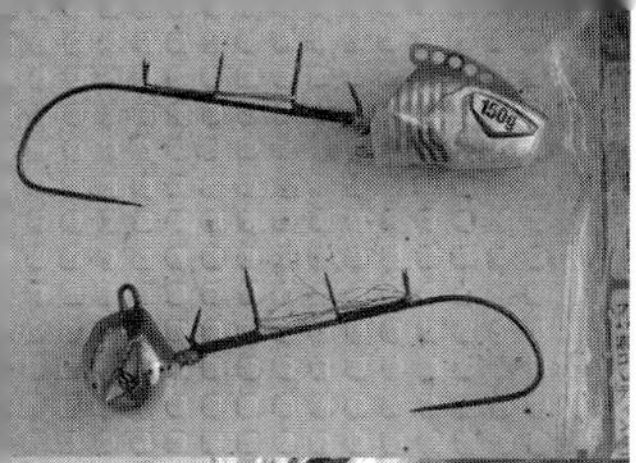

上／下が球形ヘッドのタングステン製テンヤ。コンパクトで沈下が速く、アクションも大きくないので小型に邪魔されにくい。上は鉛タイプ
下／イワシの腹部分を下からしっかり食わせられると、タチウオの頬にがっちりハリが掛かる。この掛かり方が理想

Column

広がる船テンヤタチウオ釣り場

船テンヤタチウオの釣り場は、大阪湾にとどまらず各地に広がっている。注目のエリアや各地の最新事情を紹介しよう。

文・菊池雄一

豊後水道エリア

現在、私が全国でも最も幅のある太いタチウオをねらえる釣り場と考えているのが大分と愛媛の間にあたるここ。他のエリアと比べて長さはあまり変わらないが、幅広で太いタチウオの数がなにしろ多い。指幅7本までをドラゴン、指幅8本以上をシェンロン（神龍）と呼んだりしている。

これは海の中が非常に豊かであり、魚影が非常に濃いため、成長年月のわりによくエサを捕食しているからだと考えている。豊後水道は最深部が450mを超え、起伏が激しい。その中でもタチウオがよく釣れるのは、他のエリア同様に、海溝になった部分にある溝のような砂地のポイントだ。そこにタチウオのエサになるベイトが溜まっている。

夢の極太サイズをねらいたい釣り人に、特におすすめのエリア。年によって異なるが、9~1月くらいがベストシーズンになる。

沖縄エリア（オキナワオオタチ）

関西や豊後水道で釣れるタチウオとは別種の標準和名オキナワオオタチ。とにかく大きなサイズをねらいたいと言う人におすすめだ。一般的なタチウオ（本タチ）に比べて目が大きく、体高（幅）が低いのも特徴だ。

県内にはいくつかのポイントがあるようだが、私がチャレンジしたことがあるのは名護湾周辺のポイント。昼間は非常に深い深海にいるようで、夜釣りが主流になる。ねらう水深は280~150mくらいが多い。

私の印象では、本タチに比べ、タチウオ自体がなかなか浮かない性質があるように感じている。夜釣りだがボトムから大きく浮いたタナよりも、ボトム付近でのアタリが多い印象だ。また、引きはサイズからするとシャープな感じで、本タチのような強烈な引きではない。とはいえ、夢の2mオーバーのタチウオをねらうならおすすめ。シーズンは9~1月くらいがベストシーズンと思われるが、年中ねらえる場所もあるそうだ。

鹿児島錦江湾エリア

このエリアは近年、急速にポイントの開拓が進み、未知なポイントもまだまだ多い。釣れた魚を見る感じでは、関西で上がる本タチに非常に似ていて（オキナワオオタチではなく）同類であろうと推測する。このエリアの釣りは、沖縄同様、魚の釣れる水深が比較的上がるタイミングでの夜釣りだ。桜島を目の前に、水深は80~150mくらいが主流のよう。流し釣りとは異なり、アンカーやパラシュートを入れて船を固定し、ライトでベイトを寄せ、そこに回遊してくる巨大なタチウオをねらう。私自身はまだ経験が浅く、巨大タチウオ（通称神龍）は手にしていないが、8〜11月くらいがベストシーズンのようだ。2ｍオーバー・5kgアップを国内で目指すのであれば、このエリアが一番のチャンスかもしれない。大阪湾でいうドラゴンサイズが1・2ｍ・ウエイト1kgオーバーなので、いかに巨大なタチウオがねらえるエリアか、想像できると思う。

台湾

親日国としても知られる台湾。このエリアでも、船タチウオテンヤが急速に広まりつつあり、私も講習会などでたびたび訪れている。首都台北から近い基隆（キーロン）周辺から多くの船が出ている。映画『千と千尋の神隠し』の舞台になった九份（キュウフン）が近くに見え、暑い国柄、日中よりも夜釣りが大半だ。ポイントは水深100〜200ｍラインだが、当たってくるタナは表層10〜70ｍくらいと浅ダナで活発に捕食してくる。タチウオ自体は、本タチにも見え、オキナワオオタチにも見える感じで、判断が難しい。いずれにしても魚影の濃さは、国内では想像できないレベルで永遠に釣れる感じだ。

とびきり大きなサイズは出にくいように思うが、指幅3〜5本のグッドサイズばかりが食ってくる。シーズンは6〜12月いっぱいくらい。船は大型船も多くあり、ベッドや食事が付いている。それでいてリーズナブルな価格設定なので非常におすすめだ。

韓国

タチウオは韓国で非常に価値の高い魚。南部で釣りをしたことがあるが、注目しているのは済州島だ。韓国の知り合いからもらった写真のような、指幅10本をゆうに超えるようなモンスターが、梅雨時期に浅場（40〜80ｍ）でねらえるという。もの凄く有望なエリアであることは間違いないだろう。

他にも東京湾、富山湾、瀬戸内海、鳴門、博多湾、熊本……など、本当にたくさんのエリアがあり、多くのアングラーから人気を集めているのがタチウオという魚である。大阪湾で生まれたテンヤの釣り方で、今後も国内のみならず、世界中にその楽しさを伝えていきたい、というのが私の夢だ。

極太が多い大分のタチウオ

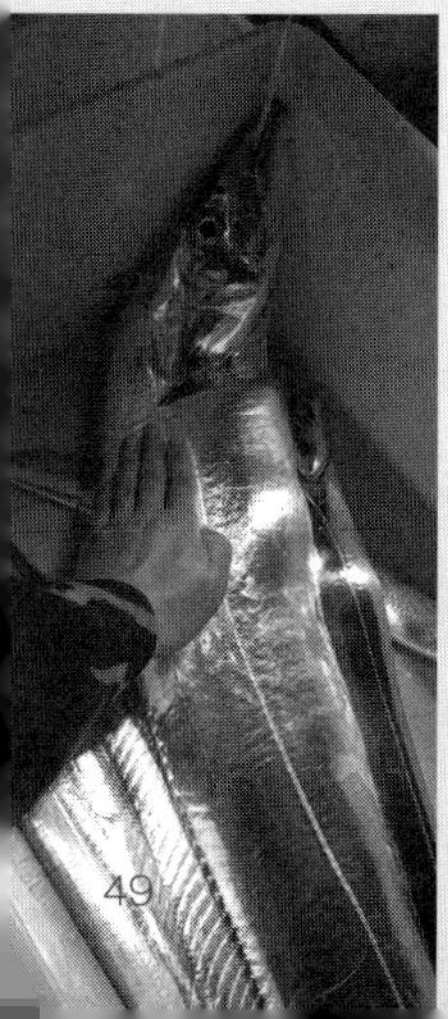
◀各地の大型タチウオを見てきた経験からも「特大」サイズの済州島タチウオ

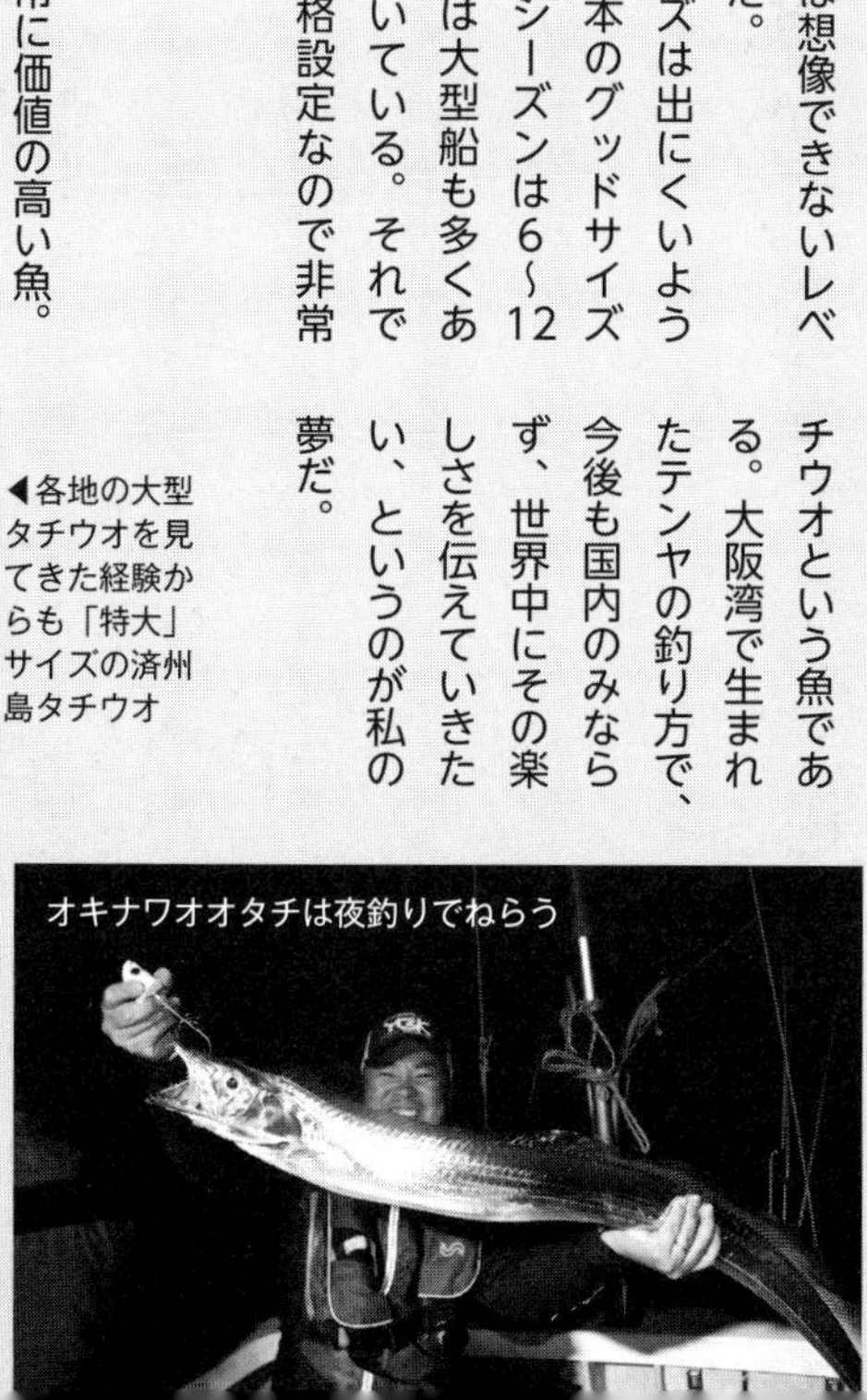
オキナワオオタチは夜釣りでねらう

紀淡海峡のタイラバは初心者でも釣果にありつける確率が高いが、複雑に流れる潮流の影響もあって、ヒットレンジがめまぐるしく変化する

タイラバの実践

2018年7月12日／大阪淡輪漁港出船／白墨丸 （船宿詳細P120）

基本の道具立て

7月上旬、菊池さんが訪れたのは、大阪府南部淡輪漁港の白墨丸。大阪湾口にあたる紀淡海峡は、大阪湾と紀伊水道の境で出入りする潮はすこぶる速い。この速潮に揉まれて育ったマダイは、同じく関西の明石海峡、鳴門海峡に勝るとも劣らないブランドマダイだ。

タイラバで使う標準的なタックルは以下のとおり。他の釣りと比べても、非常にシンプルな道具立てで釣りができる。

●サオ（ロッド）

1・8〜2m前後の船ザオ。タイラバの専用ザオがあればベストだが、6：4調子くらいのミディアムクラスの船釣り用ライトゲームロッドでも楽しめる。

●リール

釣りをするエリアにもよるが、基本的に手巻きの小型両軸受けリール（ベイトリール）を使用する。スピニングタックルを使うこともあるが、初めての人であれば、まずはベイトリールがおすすめ。マダイ釣りというと、大型のリールが必要と思われることもあるが、タイラバの場合は比較的ライトなタックルでねらうことが多く、リールサイズも小・中クラスがメインになる。

●ライン

ミチイトはＰＥラインの０・８〜１・２号前後を使う。ＰＥの先端に接続するリーダーはフロロカーボンの3〜6号前後。おすすめの号数は、釣りをするエリアや船の流し方（流し釣り、ドテラ流し）によって異なる。

●タイラバ

ライン同様、ねらうエリア、水深、釣り方によって異なるが、ヘッドの重さが60〜２５０ｇくらいのものを使用する。ネクタイやワームを自分で好みのものに交換して使ってもよい。

落としてすぐ巻くが基本

タイラバの基本は「底まで落とし、着底後すぐに巻く」の繰り返しだ。それだけ説明すると、とても簡単な釣りということになるが、実際にはいろいろなテクニックも必要になってくる。その際、意識しておくべきポイントをいくつか挙げてみたい。

・まずはタイラバが着底したら速やか

タイラバのタックル

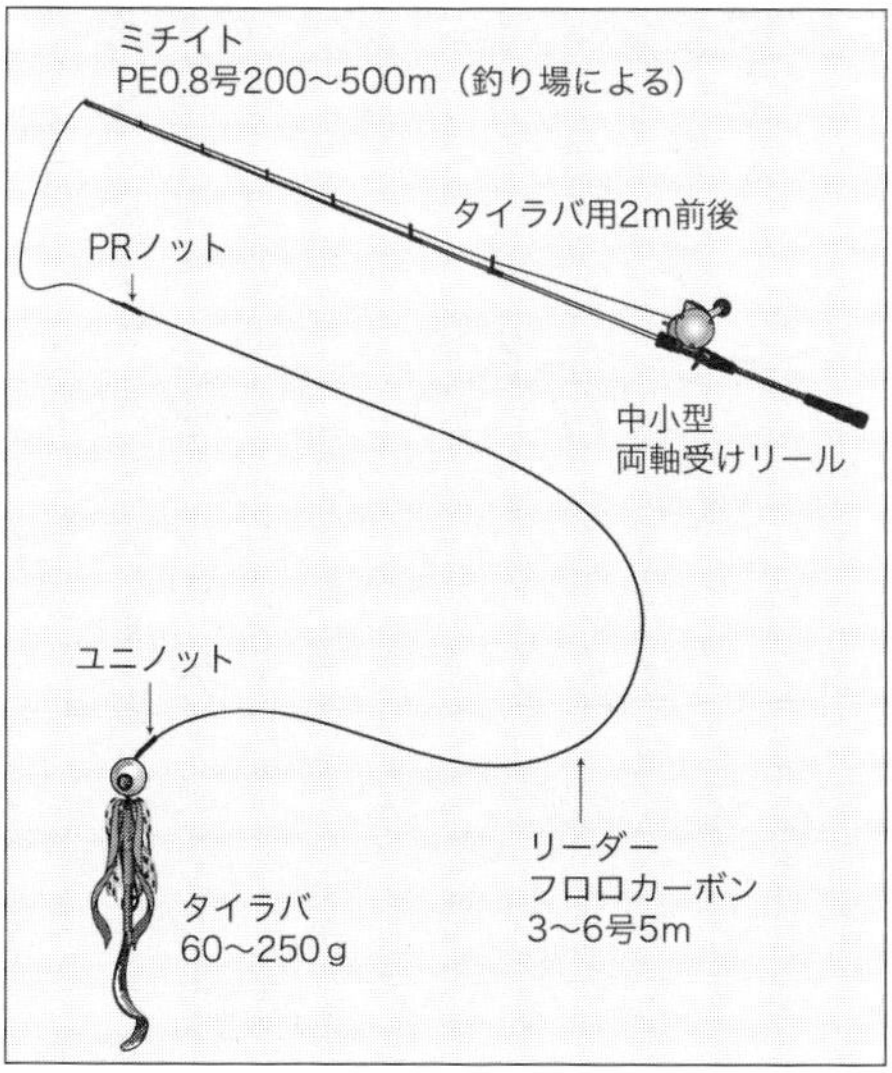

船中ファーストヒットは大ドモのお客さん

に巻き上げの動作に入る。この対応の素早さで釣果が変わる。マダイはフォールするタイラバに反応して追い掛け始め、それが逃げる段階で追って食うといわれている。着底に気付かず、タイラバが動かない時間が出来ると、マダイはタイラバを見失うか興味を失って追わなくなってしまう。なお、タイラバは一定の速度で動かすのが基本。意識して巻きスピードを変える場合を除き、動きが不安定なタイラバにはマダイが反応しにくい。

・釣れない時はタイラバをローテーションする。マダイは魚の中でも雑食性が強い。小魚、イカ、タコ、貝類、甲殻類と、いろいろなものを好んで捕食する。この釣りは、ねらう場所（水深）、その動き（スピードや波動）、シルエットなどを釣り人が調整することで、マダイが食べているあらゆるエサをタイラバ1つで演出する。ヘッドやネクタイの交換は波動やシルエットを変更する手段になる。その際、ヘッドが変わればネクタイの動きも変わるため、両者を同時に変更するのは避けたほうがよい。正解のパターンを見つけにくくなるためだ。

・ヘッドやネクタイはカラーも重要。どちらも定番カラーといえるのは赤やオレンジ系だが、ヘッドなら赤の中でもメッキ加工（きらめき）の有無があり、ネクタイなら蛍光オレンジとクリアオレンジといったバリエーションがある。潮色、水色、水深などでも効果のある色は変わってくるので、積極的なカラーローテーションをすることで釣果もアップする。

・一般にヘッドはボトムが取れる範囲で最も軽いものを使用するのがよいと言われるが、それが必ず正解とは限らない。状況に応じてヘッドの重さをいろいろと変えてみることで、誘いの幅がより広がることがよくある。

・タイラバでは「アワセをしてはいけない」と言われる。タイラバに魚がまとわりついてくると、何かしらの違和

この日はほとんどが底付近でのバイトだった

タイラバ・ネクタイのカラー選択

菊池さんは基本的にベイトを意識してセレクト。それらの情報がない場合は時間帯による基本カラーを軸に選んでいる。

[ボトムの甲殻類（カニ、エビ）や貝類を食べていると思われる時]
カラーは赤、オレンジにブラウンや黒。深いレンジでは特に黒が有効なことがある。ネクタイの形状は、あまり巻かなくてもゆっくり波動を起こしてくれるようなものがよい。

[イワシなど中層のベイトを追っている時]
緑、オレンジを中心にグローなどが効果的な場合がある。ネクタイの形状は、強弱の波動のどちらのものでも食うパターンがある。

[イカパターンの時]
グロー系統が強い。ネクタイはあまり巻かなくてもゆっくり波動を起こしてくれるようなタイプ。止めていて食ってくるようなこともある。

[アミエビパターンの時]
ケイムラ系統が強い。ネクタイも小さめのシルエットが効果的。

[その他]
乗っ込み期のカラーは緑系統がよく利くことがある。また、時間帯によって、朝はグロー、緑、オレンジ系統、日中は赤、ゴールド系統に反応がよいというのが経験に基づくおすすめカラーになる。

感が手に伝わるが、この時にタイラバを動かすスピードを急に上げたり、逆に下げたり、あるいは焦ってアワセをしてしまうと、かえってアタリが消えて魚が釣れないことが多いからだ。ただし、はっきりと魚だと分かる、大きな引き込み（バイト）があった時は、優しい聞きアワセを入れるのは効果がある。それによりハリのカエシまでがしっかりタイに刺されば、バラシのリスクは確実に減る。

・リールのドラグ設定は少し緩めがよい。タイラバではかなりの大型マダイが不意に掛かることがある。その際、最初の突っ込みでラインブレイクする人が非常に多い。マダイはヒットしたあとにかなり走らせても、慎重なやり取りをすれば確実に取れる魚だ。そこ

タイラバの釣り方

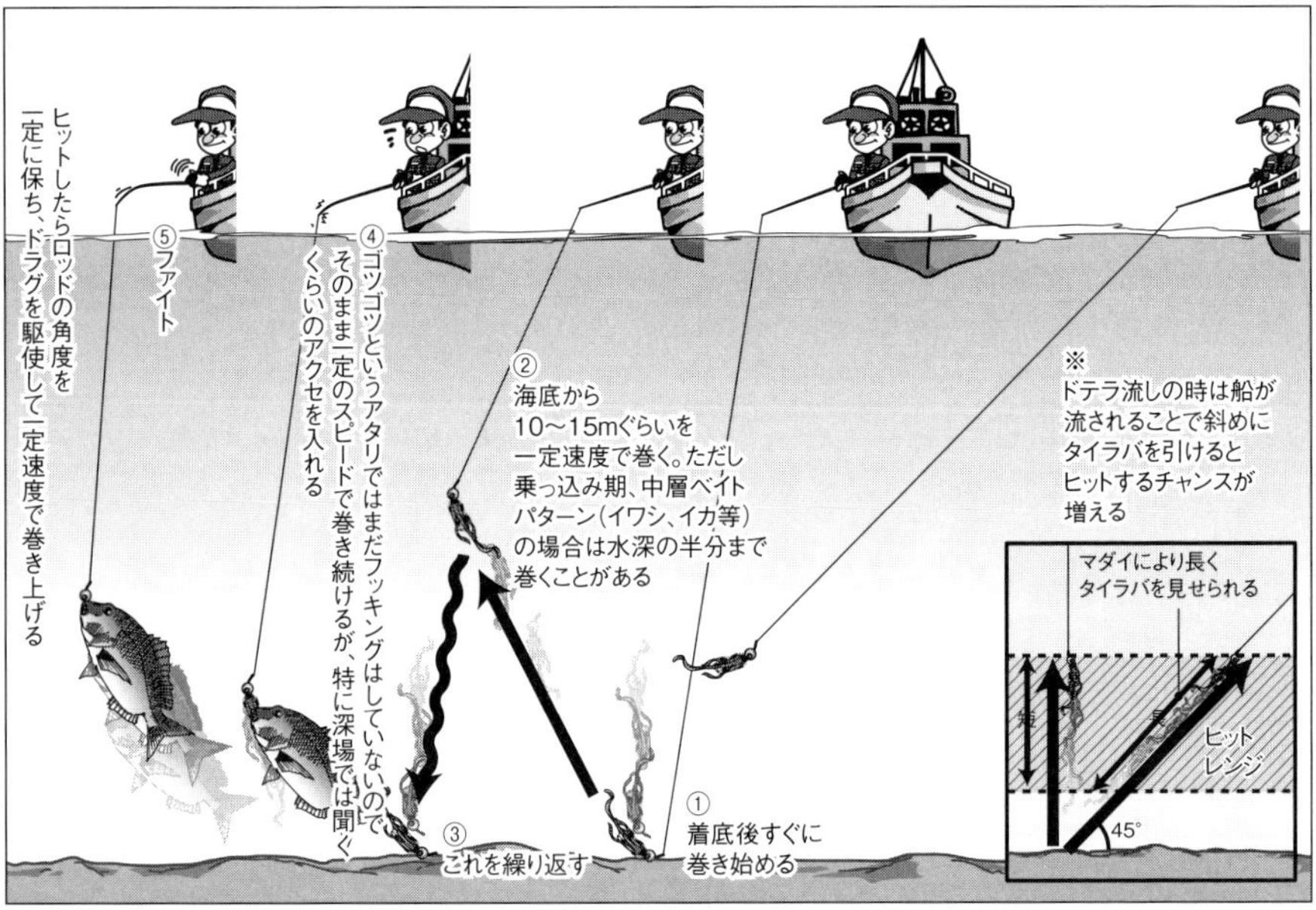

で、まずはドラグを緩めにして最初の衝撃をかわす。具体的には、最初のリールのドラグは500〜700gぐらいの設定がよく、必要な場合はやり取りに入ったあとで少しずつ締める。

甲殻類パターン？ヒットレンジは底付近

この日のポイントは友ヶ島の中瀬戸から沖ノ島の北側で水深50ｍ前後。淡輪漁港から30分ほどの距離だ。

朝イチの時点で潮流は速くない。まだ若干満ち潮が残っており、もう30分もすれば引き潮に転じるはずだが、紀淡海峡に関しては極端に流れが反対に向かうわけではない。北向きに流れていた潮が徐々に北西、西、南西へと回り込むように変化していく。その回り込む潮の角度によってポイントにはきれいに潮目が発生。そのときこそが絶好の時合だ。

船は片舷だけでサオを出すドテラ流し。この日は右舷にアングラーが並び、菊池さんの釣り座はミヨシ先頭。しかし、なかなかアタリが出ない。船中ファーストヒットは大ドモのお客さんで50㎝ジャストのきれいなマダイ。ヘッドウエイトは80g、底から15ｍほど上のレンジで当たったという。

「ここのところアタリはよく出るんですがハリ外れがやたら多いんです。ラバー、スカートの先端だけ噛みにきている感じで、口の外にフッキングするのでバレやすいんです」という船長によれば、魚探には中層にベイトの反応、マダイそのものの反応も出るそうなのだが、なぜかヒットするのは底付近であることが多いという。

「マダイの歯を見ても分かるように、まだベイトに付いていない感じ。底付近で甲殻類ばかり食べているんでしょうね」と菊池さん。ベイトを食いだしたマダイの歯は鋭く長く伸びる。甲殻類が主食の場合は、歯は短く先端も丸いのだ。

40㎝弱だが美味しくうれしい紀淡海峡のブランドマダイ

7時40分ごろに潮の流れに変化が現われるが、なかなか本調子にならない。「そろそろマダイがイワシを食っているだろうと思ってフォールで食わせる予定だったのですが作戦変更です」という菊池さん、底付近レンジねらいに切り替える。その途端に底から3mでヒットさせたが、途中でハリが外れてしまった。やはりマダイの食いが浅いのだ。
菊池さんのファーストゲットは11時半頃、海中でのなじみのよさを優先させてコンパクトシェイプのタングステン製ヘッド90g、フィンテールショートのネクタイ。底から5mで食わせたのは30㎝強の小型。ハリ外れを防止するためにハリをワンサイズ大きい（フトコロが広い）3号にしたのが奏功したのだ。
2尾目の35㎝は12時前、ストレートのネクタイにチェンジして底から5巻き目にアタリ。3尾目は1時過ぎ。これも底から5巻き目でヒット。40㎝弱の食べ頃サイズだ。くっきりと潮目が発生し、海中へのライン角度が、いかにもマダイが食いそうな斜めになっていたのが印象的だった。70㎝、80㎝という大ダイねらいもスリルがあって面白いがテクニカルに中型を食わせるのも、これまた楽しい。

Column

2つの流しとエリア別攻略

関西のタイラバでは、大きく「流し釣り」で釣る時と「ドテラ流し」で釣る時がある。また、エリアによって釣りに特徴があるので、それらのポイントをあらかじめ押さえておくのが有効だ。

文・菊池雄一

「流し釣り」と「ドテラ流し」

関西エリアでのタイラバには、大きく「流し釣り」の時と、「ドテラ流し」の時がある。それぞれ、押さえておきたいポイントが異なるので、この2つは覚えておきたい。

「流し釣り」というのは、他の多くの船釣りでも一般的な船の流し方だ。船首を風上に向け、潮と一緒に船を流す。釣り人は両舷に並び、仕掛けは基本的にまっすぐ下に下ろす形で釣っていく。もう1つの「ドテラ流し」は、船の側面に風を受けて船を流す。この時は、釣り人は片舷（風が来る側）にだけ並び、仕掛けは釣り人から見て沖へ払い出していく形で釣りをする。ねらうポイントと距離を取って、横方向（斜め横方向）に長い距離タイラバが引きやすいというメリットが出てくる。

・加太、明石（大阪湾内）／流し釣りがメインのエリア

【冬～春の乗っ込みまで】

前出の白墨丸はドテラ流しだったが、大阪湾内の加太、明石エリアは流し釣りがメインになる。

このエリアでは、冬（12～2月前後）に入るとベイトが水温の安定した深場に移動するため、海域全体にエサが少なくなる。この時のマダイの主食はカニ、エビ、貝類など。するとマダイは少しデリケートになり、シルエットの大きなエサを捕食しにくい状況が続く。タイラバもこのパターンに合わせて釣りを展開することになり、基本は「シンプル・イズ・ザ・ベスト」だ。

積極的な捕食行動を取る時期ではないので、優しく自然なアピールと誘いを心掛ける。「マダイもきっと、寒い冬場に灼熱の太陽のようなギラギラした食べ物は食べたくないだろう……」そんなイメージだ（笑）。

具体的には、ネクタイは波動を抑えたストレート系統（ストレート、フィンテールショート）が主になり、ヘッドはタングステンが主になる。釣り場の潮流は速く、水深は比較的に浅い。こうした海域で、特に魚がデリケートな冬から春にかけては、比

地域による釣りの特徴を押さえておくことは釣果アップに有効だ

重が高く小さなタングステンヘッドは必須アイテム。
　釣り方はややスロー巻き（ハンドル1回転／2～3秒）を基本に、ボトムを取ってからすぐに、ゆっくりと巻いてくるだけ。ここでの「すぐに」が一番のポイント。ヘッドが落ち込んでいく際にマダイは追ってきており、ボトムからのリトリーブにタイムラグが出た際には、タイラバ自体に違和感を覚え見切ってしまう。とはいえ、ロッドにボトムを感じてからリトリーブを始めても、実際はかなりのタイムラグが出ていると思うので、ボトム着底後、すぐにハンドル2回転くらいは高速巻きをしてまずイトフケを取り、タイムラグを少しでも小さくするように心掛け、そこからリトリーブを始めるようにしている（これはかなり重要な基本テクニック）。その他、応用編としとは、イカナゴが出始めた時にはヘッドをあえてドンと落とし、砂煙を上げてからリトリーブするとよい結果が生まれることがある。これはもちろん、イカナゴが砂煙を上げて海中に出てくるイメージから行なっていることだ。
　このエリアは、他の海域に比べると水深が比較的浅いので、マダイのヒットレンジは基本的にボトム中心になる。誘いの幅も海底から10～15ｍ（ハンドル20回転前後）くらいが基本だが、乗っ込み時期（春）に入ってくると、マダイが単発で浮いていることが多々ある。しかも、このような浮いたレンジでバイトがある個体は大型であることが多い。水深の半分くらいまで巻いてみることも季節によっては必要だ。釣りはなんでもそうだが、セオリーはあっても決め付けはＮＧである。
　なお、タイラバでは、釣れた魚の歯を必ず確認してほしい。歯がザラザラのような状態（虫歯のような歯）の時は、主に硬い物を捕食していることが多い。具体的にはカニなどの甲殻類や貝類だ。逆にベイトフィッシュのイワシやイカなどを意識しだす夏場から秋にかけては、歯が生え変わり、犬歯のような鋭い歯になる。これはベイトを一気に噛み殺す必要があるためだろう。ちなみにマダイを家に持ち帰ったあと、腹の中を確認して、自分が推察したエサと答え合わせをすることも次からのタイラバゲームに繋がる。季節ごとのエサをイメージできるようになれば、ねらうレンジ、リトリーブの速さなども自分の中でより具体的に想定できるからだ。

【乗っ込み期以降】

　春の乗っ込み後、産卵およびそこからの回復期間の間は、マダイが活発にエサを捕食しなくなる。加太や明石なら、4～5月にかけてが産卵前期で、その後5月末～6月にかけてがアフターの回復期になる。そして6月後半から夏場に入ると、この海域に例年イワシが大量に入って来る。そうなれば、マダイが積極的に捕食をしだす。冬から春にかけてのパターンとは180度変わり、中層レンジの早巻き（ベイトの動きを演出）や、落下中のヘッドへのフォールバイト（急所へのアタック。イカパターンの場合はほぼ巻かない中層レンジでのバイトもある）、波動系ネクタイ（ベイトの逃げ惑う波動を演出）等に反応がよくなる。この時には鉛の大きなヘッドを使用したり、強波動系のネクタイやワーム等を使用したりする。

・日本海、太平洋／ドテラ流しがメインのエリア

　このエリアの釣りは、ドテラ流しになることが多い。この時は、釣りの中で潮流や風の有無にどう対応するかが大切になる。また、加太や明石エリアに比べて深場をねらうこともあるので、その時に意識しておきたいテクニックもある。

【潮あり、風ありの場合】

　ドテラ流しで潮が利いている状況では、必ずボトムが確実に取れるヘッドを使う。ドテラの場合、リールをそれほど巻かなくても（逆にラインを張るだけでも）、ヘッドは浮き上がりなおかつ動く。まずはしっかりと釣りを組み立てるよう、確実に底が取れるものを選びたい。そのうえで、リールを巻いていて、潮の流れを感じるラインを徹底的にねらっていくと釣果に繋がる。

経験上、ネクタイのカラーはオレンジや赤を基本に、黒や緑も試すと有効だ。

【潮なし、風ありの場合】

釣り方は基本的に変わらないが、風はあるが潮が緩い時は、ボトムが取れる範囲でできる限り軽いヘッドを使用するとよい。それにより、ラインを斜めに入れることが可能になる。また、逆のパターンで、底に重いヘッドを置いた状態で、風による船の移動を利用してラインを出し続ける。そこからリトーブを開始して誘うのも有効だ。重いヘッドを使うことで、ボトム付近をより長くリトリーブすることも可能になる。

マダイは潮流がないと捕食しにくいが、斜め引きをすることでより口を使わせやすくなる。また、そのような時は、あえて大きめのヘッドを使うことで、リアクション的にバイトを引き出せる場合もある。

【潮なし、風なしの場合】

魚に食い気がなく、船も動かないこの状況は最も釣りづらい。こうなるとスピニングタックルでタイラバをキャストしたり、リアクションバイトを誘発するために重いヘッドでドスンと落としたり、逆に底取りができる最も軽いヘッドでのリトリーブなどを試すことになる。それらの釣りに合わせて、ネクタイもシンプルな弱波動のものと逆に強波動のものを使い分ける。

【乗っ込み期の浮いたマダイ対策】

このエリアでは、産卵行動に入る前の乗っ込み期に、マダイがかなり上のレンジまで浮くことがある。ボトムから30m上ということも珍しくない。こうした浮いた個体は、スイッチが入るとタイラバに対しても強いアタックをしてくる。ただし、経験上、この時のマダイは、神経質になる時期でもあるためか、あまり強い波動を発生する〝じゃらじゃらとした〟タイラバは好まないようだ。そこで全体としてはシンプルなシルエットのものを使う。

その際、産卵を意識して浮いた個体にはタングステンのタイラバが利くことがある。斜めに引くことが多いドテラ流しの釣りでは、上のレンジは基本的に釣りにくい。一方で、まず速いフォールスピードで浮いたマダイにタイラバを一瞬見せておき、そこからリトリーブで再びタイラバを見せると反応させられることがある。このような状況では、高比重でフォールが速いタングステンが有利なのだ。

【リトリーブスピードについて】

このエリアでフグが多くヒットする場合は、巻き速度が速いことが考えられる。また、ケイムラやグロー系などのカラーを避けることもフグのヒットを軽減させることに繋がる。

【アワセは必要】

釣り場が深くなると、タイラバであってもロッドで聞くレベルのアワセは必要になる。激しいアワセはすすめないが、ドラグ設定は９００g前後で、大型の場合はフッキングした後に緩めてラインを出して走らせ、リアフックにもハリ掛かりさせることでバラシが軽減する。

REPORT

レンジキープが鍵になる横引きの釣り

2017年3月13日／田辺内ノ浦港出船／サウスカレント（船宿詳細P122）

南紀は古くから知られる大ダイ釣り場

朝一の衝撃

春まだ浅い3月13日の午前6時過ぎ、菊池さんが目指したのは、和歌山県南紀白浜沖のディープタイラバポイント。今にも雨が降り出しそうな空模様の中、お気に入りのブラック&グローカラーの150gヘッド、アピールブラックカラーのネクタイをセットしての第一投を行なう。約1ノットの上り潮を受けて船はドテラ流し。水深90mの海底にタイラバが到達し、素早く底を切ったらスローリトリーブ開始。乗っ込みシーズンの春先は、あまり派手に動かすよりもスローが効くことが多いという。そしてリールを15巻きくらいしたところで、いきなり〝ゴッゴーン〟という衝撃が！ しかし、残り40mくらいでハリが外れてしまった。引き上げたハリ先をよく見ると先端部がほんのわずかだが曲がっているように見える。おそらく硬い臼歯にハリ先が立っていたのだろう。とはいえ中層でヒットするという、この日のパターンをつかむことはできた。

カギとなるカラー選択

7時半、雨が本降りになる。同じポイントを同じタイラバで底から21巻き。再びアタリをとらえた。「〝まじデッドスロー〟です」と菊池さんがいうほどのスローリトリーブでのヒット。中層に浮いた魚にタイラバをじっくり見せるというパターンがはまったようだ。この日の最長寸、オスの70㎝ジャストだった。8時半には45㎝クラスのメスがヒット。ヘッドカラーはオールブラック・グロードット。ネクタイはオレンジのトリプルカーリー。ただ、釣ったマダイの前歯がかなり鋭かったため「イワシなどのベイトを食っている可能性が高いのかもしれない」と考え、途中でネクタイやヘッドのカラーを変えて答え合わせ。「イワシパターンだとグリーン系のネクタイをよく使うんです」と菊池さん。そして9時頃、そのパターンであるインパクトグリーンのネクタイ、チャートカラーのヘッドにアタリが出たが40㎝と小さかった。

そこで再びタイラバ全体をレッド&ブラック系に戻す。ヘッドカラーはレッド・グロードット、ネクタイはアピールブラックのドラゴンカーリー。人間から見て濃い赤や黒は地味なイメージだが、海中ではシルエットがくっきり出るアピールカラー。これが正解で10時前に50㎝のメスがヒットする。11時。レッド・グロードットのヘッド、赤地に黒模様の新色インパクトレッドのドラゴンカーリーに60㎝がヒット。いい体型の魚だ。

重いヘッドでレンジキープ。的確な巻きスピードを知る

白浜沖のポイントの水深は80〜１００ｍ。ヒットレンジは最も深い時で底から8巻き、浅い時で31巻きだった。8巻きでヒットしたのは一番小さい40㎝で、アタリは明確でいきなりガツン。大型ほど最初はついばむような小アタリから始まり、リールをそのまま巻き続けることで徐々に大きくなっていく。この時、固定式タイラバを使っていると最初からアタリは大きく出るが、ヘッドに違和感を抱くため放してしまうことも多い。その点、遊動式なら最初のアタリこそ派手ではないが、マダイがヘッドの重みを感じにくく食い込みがよい。

当日は気持ちがよいくらいに上り潮が流れ、１５０ｇのヘッドで常時、ラインが思い切り斜めになる状態。タイラバの場合はこれがよいという。「特に中層で当たる条件では、縦の釣りではなく横の釣りになりますので、スローに巻くことでアタリが出るレンジにタイラバを長時間キープさせるんです」というのがこの釣りのキモ。水深90ｍでも、ラインは最長１４０ｍは出ていた。マダイを食わせたレンジも、実際には底から10〜20ｍというイメージだ。

タイラバではとにかく底が取れないと（察知できないと）話にならない。この日のようにマダイが中層まで浮く状況以外では、「底から3〜5巻き」が勝負。ヘッドが着底してからの初速が重要になる。特にディープタイラバでは想像以上に大きくイトフケが出ているので、素早く底を切らないといけない。3巻き目までは超早巻きが必須だ。その際はタイラバを無理に軽くする必要もない。「今日も90ｇで底は取れたはずですけど、ラインが斜めになる横の釣りでは軽いヘッドだと魚が食うレンジを通過する時間が短いんです。それよりも重いヘッドを使うことで、長い時間マダイにアピールできます」と菊池さん。雨により昼には沖上がりなったが、春のマダイ釣りを満喫した。

150ｇのヘッドでスロー巻きするとラインが斜めに。これが食わせのキモだった

タイラバはヘッドとネクタイの組み合わせが重要な要素。まずは色より形状に注目し、中でもネクタイはストレートタイプとカーリータイプでアピールが大きく変わる

REPORT

食い渋りマダイを小型ヘッドで攻略

2019年4月8日／京都伊根港出船／珀宝丸（船宿詳細P117）

冬の水温が下がりきらず 例年より早めの乗っ込み開始

丹後伊根といえば重要伝統的建造物群保存地区として選定された舟屋でおなじみ。現在では海外からを含め、年間30万人近くもの観光客が訪れるが、古くから漁業が盛んな土地である。丹後半島の山々に囲まれ、南に開いた伊根湾は、日本海の荒波に影響されない天然の良港なのである。

マダイ釣りで有名な経ヶ岬沖の白石グリや、経ヶ岬を西に回り込んだ中浜沖などへは至近距離にあるが、かつては交通の便が悪かったため、宮津与謝道路が開通し最寄りのインターから30分ほどの現在でも、伊根港を基地とする遊漁船はそれほど多くない。

今回お世話になったのは、そんな伊根から出船する珀宝丸。出船するのは伊根湾奥、ひっそり軒を連ねる舟屋が見渡せる静かな湾奥ど真ん中、七面堂駐車場の岸壁である。珀宝丸が係留された岸壁には、ほぼ横付け駐車が可能だし、目の前にはトイレもあるので非常に便利なのだ。

例年、丹後半島沖のマダイは4月後半から乗っ込み本番を迎えるということだが、今年は積雪が少なかったため、雪解け水の流入がほとんどなく、真冬の水温低下が例年ほどではなかった。そのせいか今シーズンは、4月の声を聞く頃には乗っ込みマダイの釣果が出始めたと船長は言う。しかし、ピークは例年どおりゴールデンウイーク頃だろう。

前日はチャーターで3人がタイラバにチャレンジし、特大クラスは出なかったものの、全体で13尾と上々の釣果。同日、菊池さんが乗船していた敦賀の遊漁船でもタイラバで納得釣果が出たとのことなので期待値マックスである。4月8日、午前6時。菊池さんほか5人の釣り人を乗せた珀宝丸は波静かな伊根港を出船した。

大きくなくてもうれしい 苦労して食わせた1尾

ところが湾を出て外海に出てみると意外

コンパクトなタングステンヘッドが食い渋りを打破

右／この日の最大は同船のお客さんが釣った79㎝。210ｇのヘッドで底から10ｍくらいでヒット
左／菊池さんの釣友、京都の杉本さんに65cm。VSヘッド、ドラゴンカーリー、ワームストレートの組み合わせで来た

にウネリがある。それが経ヶ岬を回るころにはさらに高くなった。船長がエンジンをスローにしたのは左手に経ヶ岬、右手に犬ヶ岬を見る中浜沖と呼ばれるポイントだ。水深は110～120ｍ。いわゆるディープタイラバのポイントである。

風は北東から。潮は西から東へ流れ風よりもわずかに潮流が勝つ状態だが、100ｍ以上タイラバを落としたラインは、ほとんど真っ直ぐに立つ状態。船の左舷で全員がサオを出すドテラ流しでの釣りである。珀宝丸には水温計がないため正確な数字は分からないが、船長の勘では13～14℃だろうとのこと。「ラインが真っ直ぐに入ってタイラバの条件としてはあまりよい感じには見えませんが、ゆっくりでも潮は流れているようですので大丈夫でしょう」と菊池さんも言う。

釣り開始は7時過ぎ。最初にアタリをとらえたのは舳先でサオをだした菊池さんだったが、これは小型のレンコダイ（キダイ）。

しかし、その直後に大ドモで大型がヒットした。釣りあげたのは珀宝丸の常連、兵庫県三田市の藤川正人さんだ。「おおっ、これはハチマルあるんじゃない？」と船上の誰しも思った重量感と迫力だったが、検寸してみると1㎝足りない79㎝で残念!?

その後、京都の杉本正人さんに65㎝、八尾市の坂本春夫さんにも65㎝、京都市の長谷川英雄さんに60㎝と良型がヒットする。全員底から10ｍ、20ｍまでのバイトだ。しかししだいに風も潮流も緩くなり、ラインは完全にバーチカル状態になりアタリが途絶える。

そこで菊池さんはタイラバをストレートフォールヘッド180gからタングステン素材でシルエットが小さい90gにチェンジ。「食いが渋くなったマダイには、小さいヘッドで食い込ませやすくする」というのが理由である。するとこれが功を奏した！　サイズこそ50㎝ほどだったが「苦労したから喜びもひとしおです」という貴重な1尾をゲットすることができた。

100ｍ前後のディープレンジから引き上げたマダイは日焼け知らず!?　特にメスはピンクのドレスにブルーのアイシャドーが非常に美しい。釣りあげた魚は、すべてその場で船長が血抜きをし、神経締めしてくれるのもうれしいサービスだ。当日の午後は、舟屋がたたずむ波静かな伊根湾奥の海面もざわつくほどの西の爆風になった。丹後の乗っ込みマダイはこれから本番を迎え、5月に入れば連日、安定した釣果が続く。

REPORT

マダイとマダラの2本立てタイラバ

2018年4月27日／京都西舞鶴出船／トップスジャパン（船宿詳細P116）

手巻きの限界!? マダラは水深200m超

2018年の4月下旬、菊池さんが訪れたのは舞鶴湾の最奥部、西舞鶴の港を拠点にするトップスジャパン。港を出て約1時間半、最初にエンジンをスローダウンさせたのは、丹後半島経ヶ岬の北東沖だ。経ヶ岬灯台がはっきり見えるので、陸地からそれほど離れていないが「水深115mです」と船長。90mまで徐々にかけ上がるポイント。いわゆるディープタイラバで、この日の釣りをスタートした。

午前7時半。潮流は西から東へ約1ノット、潮と真逆の風がわずかに吹いている。「表層からボトムまで素直な潮です」という船長のアナウンスに、菊池さんは150gのヘッドにカーリー系のネクタイで釣りを開始。しかし、思った以上に流れが緩いため、すぐにタングステンヘッドの90gにチェンジする。アタリが出たのは1時間後。50㎝弱のマダイがカーリー系のネクタイに追加してストレートタイプのワームをセットしたリグに食らいついてきた。

その後、船全体でマダイが上がり始め伊丹市の田中圭太さんが60㎝クラスをゲット。10時過ぎには潮も速くなり、いかにも食いそうな雰囲気になり乗船者全員、マダイの引きを堪能する。

そして11時前、船はマダラねらいに向かうことになった。本来、マダラはマダイが不調の時のお土産釣りという位置付けだそうだがむしろ楽しみ。「元々、ディープタイラバで来られているお客さんばかりですので、皆さんリールにはPEラインを400m以上は巻かれているんです。それなら水深200m強をねらうマダラポイントで釣りするのも可能かと思いまして」と船長。手巻きリールでの限界に近い釣りではあるが、タイラバでマダラをねらうようになったのはこの船が最初だという。

マダラに続いて 速潮の中で大ダイが連発！

トップスジャパンでマダラゲームが始まったのは2年前。ねらうのは水深200〜230mで根の荒いポイント。そのため根掛かりのリスクは高く、海底に高切れしたPEラインを残さないため「リーダーは3号と細くしてほしい」と船長。タイラバのヘッドは300gを使用する。釣り方とし

マダラとのダブルヘッダーでも良型が連発

マダラの誘い方はサオを天に突き上げ数秒ステイさせたあと、一気に下げてフリーフォール。船中で70㎝クラスまで出た

てはボトムを意識。リグを引き上げるのは海底から5m、高くて10mまでだ。リグが着底したらサオ先を天に向かって突き上げ数秒ステイ。次の瞬間に一気にサオ先を海面に向けて下げ急激にフリーフォール。そして数秒ステイの後、ハンドル3回転ほどラインを巻き取り、サオ先を再び突き上げる。この動作を何回か行なったら再び底を取り直す。非常に単純な釣りではあるがフリーフォールがマダラには効果があるようだ。

「エサ釣りでは仕掛けを動かさないほうがよいと聞きましたが、ルアーだと事情が違うようですね。できればマダイねらいのラバーネクタイだけでなく大きなワームを追加するなど、リグを思い切り目立たせるのがいいようです」と菊池さん。実際にメタルジグに大型ワームの組み合わせで釣る人も多い。

11時過ぎにマダラねらい開始。場所は経ヶ岬のはるか沖で水深は207m。菊池さんは300gのヘッドを使いハリにはストレート系のワーム2本を追加する。船長や常連のお客さんによると、マダラの平均サイズは50～70㎝で、時にはメーターオーバー、12～13㎏という怪物もヒットするらしい。アタリはサオを突き上げる時に「あれ、根掛かり?」と勘違いする重みがサオに乗るが、その直後にサオを叩くという感じ。

また、マダラは強く引く魚ではないので、ヒット後はクレーンのように大魚を引き上げてくるだけだ。しかし、この日はマダラのご機嫌が悪いのか、アタリは少なく船中で数尾上がっただけで菊池さんにはアタリがなく、再びマダイねらいに転進となった。

15時、朝のポイントよりも西。水深100mで食えば大型というポイント。速い潮流に同調する風が強いので船は2ノットで東へ流される。タングステンのヘッド210gで沈めるとラインがどんどん出て行く。角度は真横に近い斜め。「これ、絶対にデカイの出ますよ」と言う菊池さんの言葉どおり、すぐにヒット。「底から7巻きでヌーヌーヌーというアタリでした」と菊池さん。速い流れに乗ったマダイの引きは止まらない。ドラグが滑りなかなか巻き取れない。しかし、ドラグを締めるわけにはいかない。約20分かけてのやり取りで海面に姿を現わしたのは70㎝の美しいメス。その後、南丹市の平井泰弘さんにも70㎝級がヒットし、午後7時に帰港した。大型マダイが出るのが釣りとしては最良だが、マダラも5～6月に最盛期を迎えるという。2つの美味魚を相手にディープな釣りを楽しみたい。

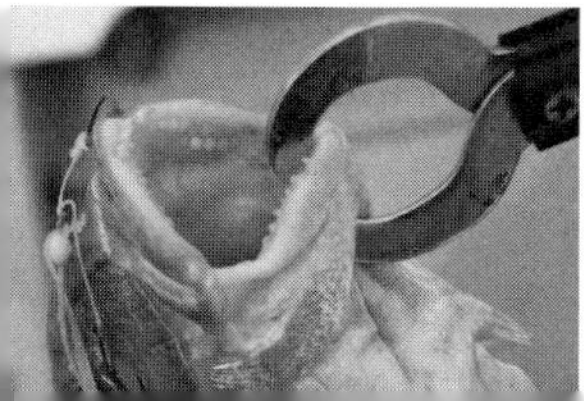

歯が鋭くなりかけていたマダイ。ベイトを食いだした証だ

落とし込みの実践

2019年9月2日／和歌山南部堺漁港出船／純栄丸（船宿詳細P121）

掛けた小魚でそのまま大もの釣り。落とし込みの人気は高い

基本の道具立て

快晴無風となった2019年9月2日、菊池さんがやって来たのは和歌山県南部（みなべ）の「純栄丸」。南部沖では、9月になり30℃近くと高かった水温が27℃を切ると、青ものねらいのシーズンを迎える。夏場、30㎝そこそこと小さかったツバス（ワカシ）も40㎝を超えるようになり、メジロ（ワラサ）、ブリクラスも混じるようになる。さらに9～10月はヒラマサ、カンパチの期待値も大なのだ。

落とし込みは、北陸金沢あたりで盛んだったタテ釣りをベースに全国に広まったとされる釣り方で、サビキ仕掛けに掛かったイワシやアジをそのまま海底近くまで下ろし（もしくはレンジそのまま）、青ものやヒラメなどのフィッシュイーターを効率よくねらう。今ではアンダーベイト釣法、サビキノマセ釣りなどとも呼ばれている。紀州には古くから空バリ仕掛けでアジなどをねらうチョクリ釣りが存在し、そのチョクリ仕掛けを用いた「チョクリノマセ」という方法もあるが、釣り方に大差はない。

落とし込みで使用するタックルは以下のようなものだ。

●サオ

2・5〜3m前後の船ザオ。落とし込み専用ザオがあればベスト。調子でいえば7：3もしくは6：4くらいがおすすめ。

●リール

電動リールが基本になる。パワーが必要なため、中型もしくは大型サイズが必要。落とし込みでは深いエリアをねらうこともあるので、最低でもミチイトが300m巻けるものを準備する。

●ライン

ミチイトはPEラインの3〜5号前後。リーダーはフロロカーボンの8〜16号前後。釣り場やねらうターゲットによって大きく異なる。

落とし込みのタックル

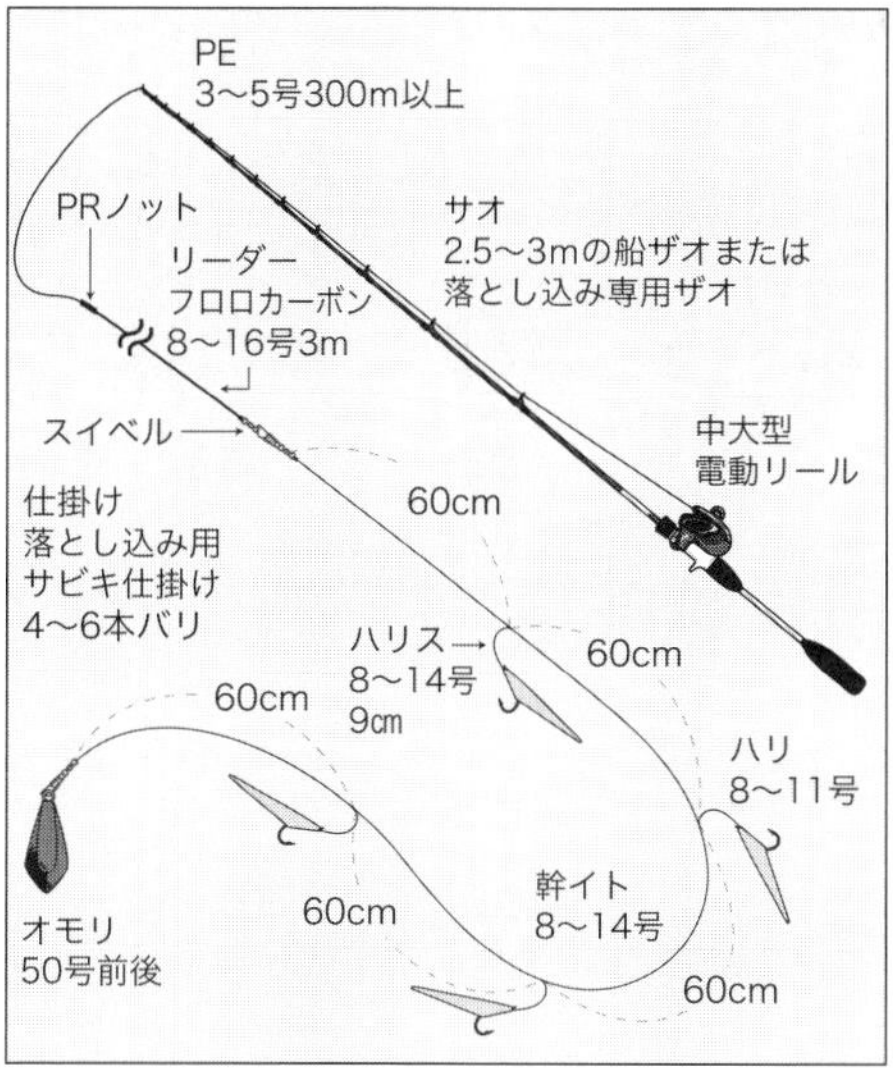

落とし込み用サビキ仕掛け。ハリは青ものが掛かっても安心な強靭タイプ

リールは良型の青ものにも対応できる、PE ライン4 号を巻いた中型の電動リールを使用

落とし込みの釣り方

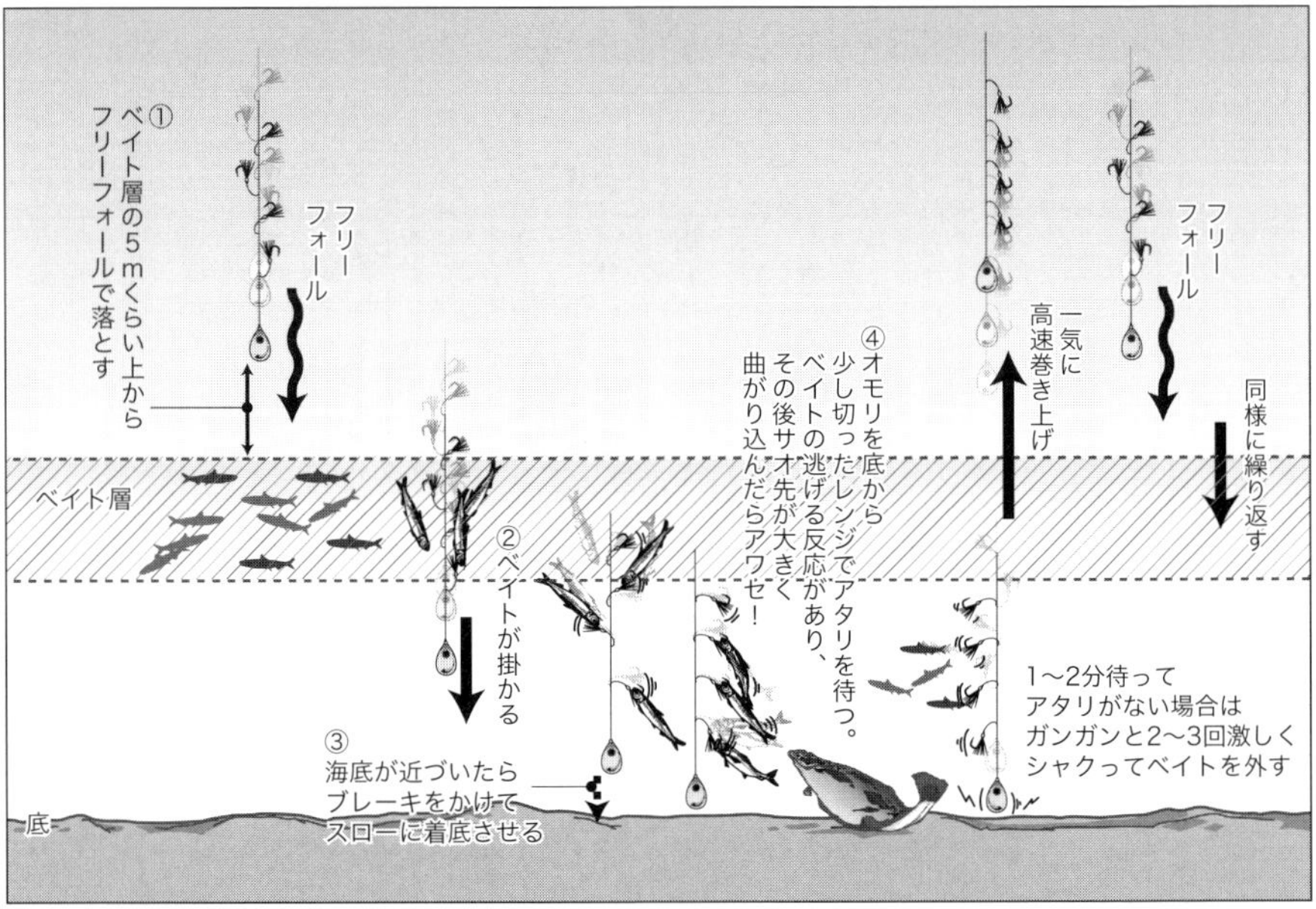

①ベイト層の5ｍくらい上からフリーフォールで落とす
フリーフォール
ベイト層
②ベイトが掛かる
③海底が近づいたらブレーキをかけてスローに着底させる
④オモリを底から少し切ったレンジでアタリを待つ。ベイトの逃げる反応があり、その後サオ先が大きく曲がり込んだらアワセ！
一気に高速巻き上げ
フリーフォール
同様に繰り返す
1〜2分待ってアタリがない場合はガンガンと2〜3回激しくシャクってベイトを外す
底

●仕掛け

ライン同様、ハリス6〜16号くらいまでで大型魚が釣れる丈夫なものが必要だが、釣り場やねらうターゲットで大きく異なる。

まずベイトを掛ける

落とし込みの基本的な釣り方は、最初にイワシやアジの反応を捜し、サビキを投入してハリに掛けたら、底付近に落とし込んで青ものやヒラメが食い付くのを待つ。手順は至ってシンプルだが、やってみるとなかなか奥が深い。

たとえば 水深80ｍのポイントで、ベイト（エサ）の反応が40〜60ｍであるとすれば、まずはそこにサビキを落とし込んでいくが、その際には

●フリーフォール
●テンションフォール
●サミングを利用したフォール（ストップ＆ゴー）

の順で誘う。より釣果を上げるには、まずはベイトの反応があるレンジを正確に知ることが大切。その点、カウンター付きのリールは大いに役立つ。船長からの指示ダナを守っていれば問題ないが、船釣り用のポータブル魚群探知機があれば、リアルタイムで魚の反応が確認でき、新しいベイトもいち早く捜せる。

ベイトねらいでは、基本的にはフリーフォールが最もよく掛かり、それで掛からない場合にテンションフォール、

ストップ&ゴーと落とし込み方を変えていく。

ベイトが掛かれば、反応の切れ目(60ｍ付近)もしくは80ｍの底付近で本命のアタリを待つ。本命の食い気が立っている際には、ベイトが掛かってすぐ、もしくはねらいのタナに着いてすぐにロッドが舞い込むことも多い。

ベイトが掛かる状況が続く場合、ねらいのタナに着いて1~2分本命がヒットしなければ、新しいベイトを掛けて釣り直す。特に青ものねらいの場合、アタリを待っても反応がなく、サオ先に伝わるベイトの動きが感じられなくなったら、ロッドを大きく2~3回しゃくってハリに掛かったベイトを外し、一気にベイト層の上まで巻き上げて落とし直す「おかわり」が重要だ。また、この釣りは乗船者のチームプレーも大切。釣果を伸ばすためには、船全体でベイトの掛かるタナを共有し、誰かに本命が掛かったら他のアングラーは仕掛けを回収。オマツリを回避して取り込みの確率を上げるのだ。

目指すは大型カンパチ

この日のポイントは水深30~40ｍライン。程度の差はあるもののおおむね根が荒く、そこにベイトが付いている。「底から15ｍ上までベイトがびっしりです。水深15ｍから始めてください」と言う船長のアナウンスでいっせいに釣り開始!

ファーストヒットは左舷大ドモのお客さんで40㎝ほどのシオ。右舷大ドモの人にも同サイズのシオが連発。直後に右舷胴の間の女性に70㎝クラスのメジロ、出足好調だ。30分ほど間を置いて、右舷ミヨシのお客さんには60㎝オーバーのヒラマサが来た。

この釣りでは、ベイトはとにかく大切に扱う。サビキに掛かってからは、なるべく優しくポイントまで送ってやる。また、着底間際になったら、オモリがドスンと着いた反動でベイトが外れたり弱ったりしないように、そっと置くように心掛けるだけでも釣果が大きく変わる。

回遊している本命の魚を想定したタナで待つことも大切だ。マグロやカツオ、サワラなどは中層で掛かることが

この日のメインベイトはマアジ

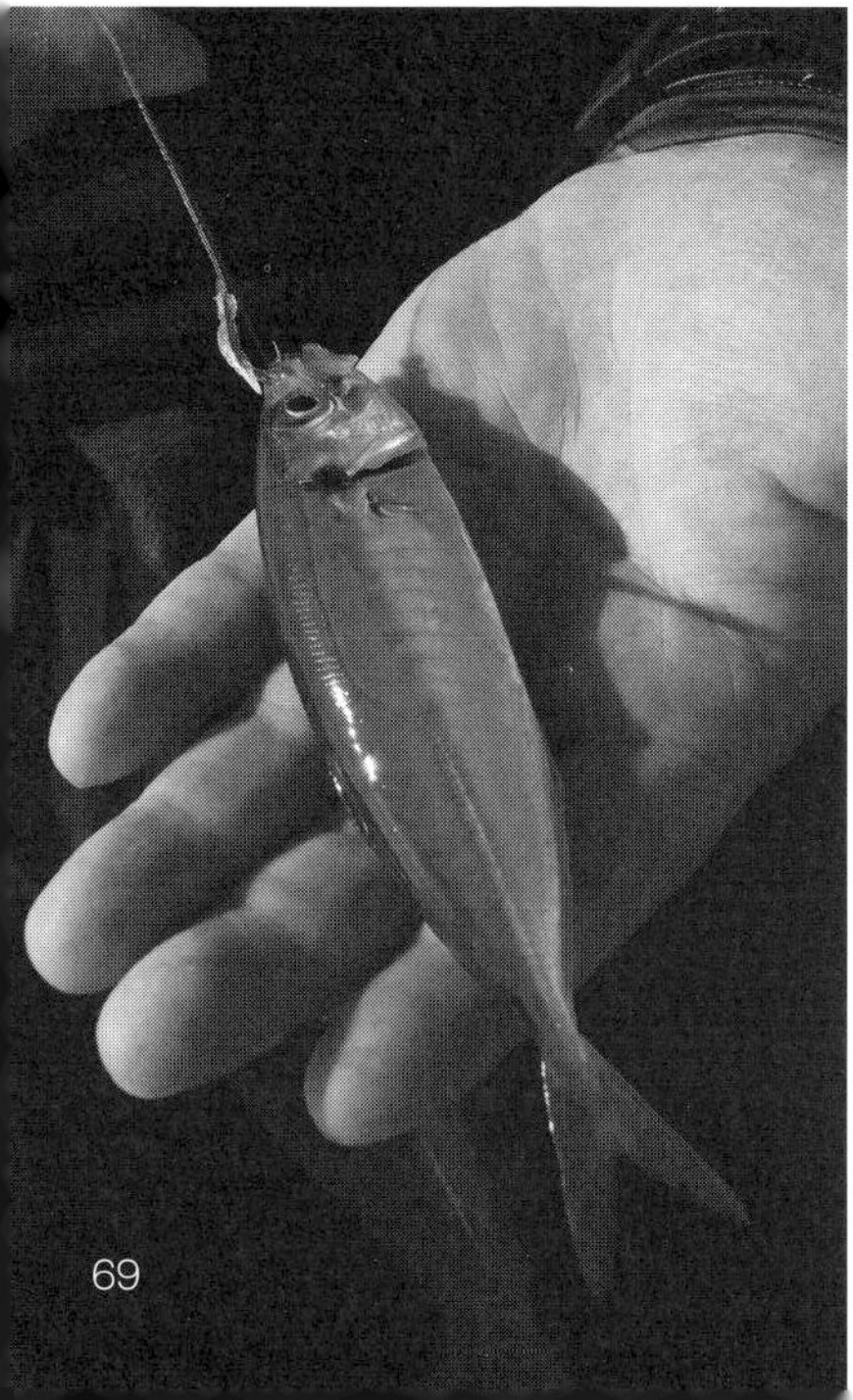

この日が落とし込み初挑戦だった娘さん（メジロ）とお父さん（ヒラマサ）も仲良くヒット

多い。逆にカンパチ、ヒラマサ、ブリ、ヒラメ、根魚などはボトムでのバイトが多いが、非常に活性の高い時ならカンパチやブリは浮いたタナで食う。

ヒットしたあとは、カンパチやヒラマサはラインを出すのはNG。掛かった瞬間からフルロックでやり取りを始め、常にアングラー側が主導権を持って強引にボトムから10m離すことができると取り込みの確率が上がる。逆に、マグロ、カツオの場合はラインを出さないとブレイクすることが多いため、瞬時にドラグ調整をする必要がある。

ハリやラインの選定もだいじだ。基本的に太めで大きなハリがおすすめだが、ベイトの掛かりが悪い場合はハリを軽く、ラインを細くするとよい。そ

菊池さんも70㎝クラスのメジロをキャッチ

の際、サビキ仕掛けは、通常のライン強度に比べ7割程度のパワーであると想定しておくとよい。また、ハリス（枝ス）の長さも意識する。ベイトはハリスが短いほど掛かりやすいが、本命が来た時にはハリスが短いほど取り込める確率は低くなる。そのため、仕掛け選びも1つの大きな要素なのだ。たとえば小さいハリ、線径の細いハリを使えばベイトはよく掛かるが、その分、本命が来た時にはパワー不足で折れたり伸びたりするリスクが増える。これはラインも同じことだ。ベイトを掛ける技術、そして本命を取り込む技術、ハリ、仕掛けのチョイスの判断が、落とし込みの難しさであり、醍醐味でもある。

さて、朝の時合が始まってしばらく、菊池さんには青ものからのアタリがない。というのも、この日はカンパチの大ものにねらいを絞ってハリス14号という極太のサビキ仕掛けを使っていたからだ。しかし、時合が終わり、極太仕掛けではベイトの乗りが悪くなったので、ハリス8号の仕掛けに落とすことにした。すると、そのとたんに70㎝クラスのメジロをゲット。これが細仕掛けの優位点だが、それだけバラシのリスクは高くなるわけで、その判断が難しいところなのだ。豪快でありながら繊細な部分もある。そんな落とし込みにぜひチャレンジしてみてほしい。

落とし込み釣りは非常にエキサイティング。
誰にでも大ものの可能性がある

Column

落とし込みの主なベイトと特徴

落とし込み釣りでは、ベイトを上手に使いこなすことが欠かせない。代表的な種類と特徴を押さえておこう。

文・菊池雄一

種類は複数

ベイトになる小魚にはいくつかの種類がいる。また、その種類が釣れぐあいを左右することもある。最高クラスはイワシ。暴れるとウロコが大量に剥がれ、これが本命のスイッチを入れる。身が柔らかいので多くの本命魚から反応がよい。中でもウルメイワシ、マイワシは動きも鋭くより釣れる。カタクチイワシは弱るのが早い点でやや劣る。アジもおすすめのベイト。中でもマルアジ（青アジ）やムロアジは中層でよく暴れる性質があってよいエサになる。一方、マアジはハリに掛かったあと底付近でジッとすることが多く、マルアジやムロアジと比べるとやや劣るが、多くの釣り場で釣れるので、落とし込みでは最もオーソドックスなベイトになる。その他では、サバやイサギもベイトになることがある。サバは暴れる点ではよいベイトなのだが、仕掛け絡みも引き起こしやすいので注意する必要がある。以下、ベイト別の掛け方やポイントを紹介しよう。

●イワシ（ウルメ、カタクチ、マイワシ）

イワシは朝のうちはばらついて泳いでいるものが多いが、日が上るにつれ群れをなす習性がある。特に中層で群れなすことが多く、フォールでの誘いを中心にねらう。フリーフォール（速いスピード）→テンションフォール（遅いフォール）の順に誘っていく。

●アジ（マルアジ、マアジ）

アジがボトム付近に群れている場合は、スローのテンションフォールがベター。それで掛からない場合はフリーフォールで強めにボトムに落とし、その後、仕掛けを一瞬たるませた時によく掛かる。なお、マアジの場合は、ハリに掛かっていても動きが止まることがあり、エサが外れたと違いしてしまうケースもよくあるので頭に入れておく。

●サバ

サバは上に向かって泳ごうとする習性がある。そのサバを仕掛け絡みを起こさないでボトムに送り込むには、掛けたあとゆっくり落とし込むことを意識するとよい。魚はテンションが掛かるとそれとは逆方向に泳ごうとする。そのため、速いスピードでフォールさせてしまうと、サバの場合は特に上方向へ泳ごうと暴れてしまう。そこで、急なテンションをなるべく掛けないようにすることで、下方向に向かってスムーズに送り込みやすくなる。

REPORT

落とし込み初フィールドで期待の好釣果！

2017年10月10日／鳥取酒津港出船／第二清洋丸（船宿詳細P117）

まずはノマセ釣りから

10月上旬、菊池さんが乗船したのは、鳥取市酒津漁港から出船する「第二清洋丸」。第二清洋丸では元々、生きエサと本命のフィッシュイーターを別のポイントで釣る「ノマセ釣り」を案内している。今回、「イワシの群れが回ってきているので、落とし込みも試してほしい」という船長からの連絡を受け、菊池さんがノマセと落とし込みの両方で、山陰の海を釣ってみることになった。

午前5時、岸壁を離れた船は、ゆっくりと酒津漁港の中央部へ。まずはここでエサのアジ釣りをする。波止用のサビキ仕掛けの下カゴにアミエビを入れ、浅い海底まで下ろすとビリビリビリと当たってアジが釣れてくる。ただ、すべて10㎝以下の豆アジだった。この日の本命は大判ヒラメ。できれば十数㎝サイズのアジがほしいところだが、ひとまず必要分のアジを確保し沖に向かった。

ポイントへは小1時間で到着。水深65～70mライン。水温22・7℃はほぼ平年並みだ。「今は緩い『み潮』です」と船長。「み潮」とは鳥取地方で西から東へ流れる潮流を指す。さっそく下オモリのドウヅキ式1本バリ仕掛けを海底まで下ろしてノマセ釣りがスタートした。エサのアジは鼻掛け、オモリは40～60号だ。

ポイントは起伏が激しい人工魚礁。根掛かりさせないよう気を付けながら仕掛けを底からあまり離さないようにキープする。時折、底を取り直すのが基本だ。アジにフィッシュイーターが迫ると、逃げまどう動きが穂先にビリビリ、ブルブルと現われる。アワセを入れるのは穂先が大きく曲がり込み、アジが丸飲みされてサオにグンと重みが乗ってからだ。

すると右舷ミヨシに釣り座を構えた菊池さんの背面側とすぐ右隣のお客さんがほぼ同時にサオを曲げる。右隣の人はいきなり

ヒラメ、ヒラマサ、マダイと落とし込みで大ものラッシュ！

本命のヒラメ50㎝クラス。背面の人はマハタ。続いて背面のお客さんが再びサオを曲げた。こちらも本命のヒラメだ。すると菊池さんにもアタリが出て、アコウ（キジハタ）を数尾ゲットした。

ここで船長が魚探を見て「中層にイワシの群れがどっさり！」とアナウンス。菊池さんはすかさず仕掛けをノマセ用から落とし込み用の極太サビキ仕掛け4本バリにチェンジする。

キモはフリーフォール 威力絶大の落とし込み

落とし込みの強みは、なんといってもその場で自然に泳いでいる小魚を、そのままエサにすること。まずはイワシのいる層でフォール、それで掛からなければ、イワシのいる層の上限まで高速で仕掛けを巻き上げ、もう一度フォールさせる手順を繰り返す。イワシが掛かったらそのまま底へ。しばらく待っても本命のアタリが出ない場合は、高速巻き上げをしながら2、3回ガンガンとしゃくって、掛かっていたイワシを外し、より元気なイワシを新たにハリに掛けてねらい直す。これが絶対に必要なテクニックだ。

「とにかくフリーフォールです。ただし着底間際はサミングでブレーキをかけることで掛かったイワシを外れないようにするのがコツです」と菊池さん。ハリ数が多い分、根掛かりのリスクも高くなるので、ノマセ仕掛けの場合よりも底取りには気を遣うようにする。アタリの出方、アワセのタイミングはノマセと大差ない。

鳥取沖に入ってきたイワシの群れは、ウルメイワシだった。「とにかく最高のエサです」と菊池さんが言うとおり、ウルメイワシの効果は絶大！すぐにアタリが出てアコウがダブルで食いついてきた。潮が利きだした午後からは、85㎝のヒラマサ、70㎝クラスのメジロ（ワラサ）2尾、そして本命であるヒラメの50㎝と船中最大となる69㎝をゲット。持参していた落とし込み仕掛けを他のお客さんにも分配し、「仕掛けを一気に落としてください。ウルメが掛かったら、オモリを底に付けて仕掛けを緩めてアタリを待ってください」とアドバイス。すると他のお客さんにも63㎝のヒラメや81㎝のマダイがヒットし、特大級のバラシも1発！船長を含め、全員が落とし込みの威力を実感する一日となった。

菊池さんの落とし込みファーストフィッシュはアコウ

マダイ81㎝も落とし込みで来た。ベイトがウルメイワシならではの釣果で、アジだとマダイはなかなか食ってこない

メバル釣りの実践

2019年5月1日／兵庫東二見港出船／つりぶね近藤丸（船宿詳細P118）

あと1cmで尺のグッドサイズ

基本の道具立て

播州のメバル釣りがハイシーズンを迎える5月上旬、菊池さんがやって来たのは、東二見港の「つりぶね近藤丸」。船長は大のメバル好き。お客さんもメバル釣りに一家言を持つ人が多いという船宿だ。

明石海峡周辺のメバル釣りは、長い磯ザオを使うのが以前からの流行。長い仕掛けを使うためと穂先の軟らかさが理由だが、現在では磯ザオテイストの長い中通しのメバル専用ロッドを使う人が多くなった。ロッドは外ガイド、中通し式どちらでもかまわないが、長さ4m前後の船メバル用で胴調子が絶対。もしくは1号前後の磯ザオでも流用可能だが、できれば4・5m以下の短めのものが理想。磯ザオに多い5・3mだと船によっては設置されたテント（屋根）の関係で扱いづらい場合がある。これに船用の小型両軸受けリールをセット、PE0・8号のミチイトを100mほど巻いておく。

仕掛けはハリス0・6〜0・8号、ハリ5〜6号の船メバル用のサビキで、ハリ数6〜7本で全長4m前後が主流。擬似餌の色は白や緑が定番だ。サビキの皮はできるだけシンプルで細く小さ

この日、釣果がよかったのはシラサエビ。ハリは尾羽根の付け根にチョン掛け。浅いポイントなので尾羽根を切る必要はない

右／仕掛けはサビキとエサ釣り用の両方を使用。真ん中はミックスタイプ
左／船長のおすすめは中通し４ｍで胴調子のメバルロッド

メバル釣りのタックル

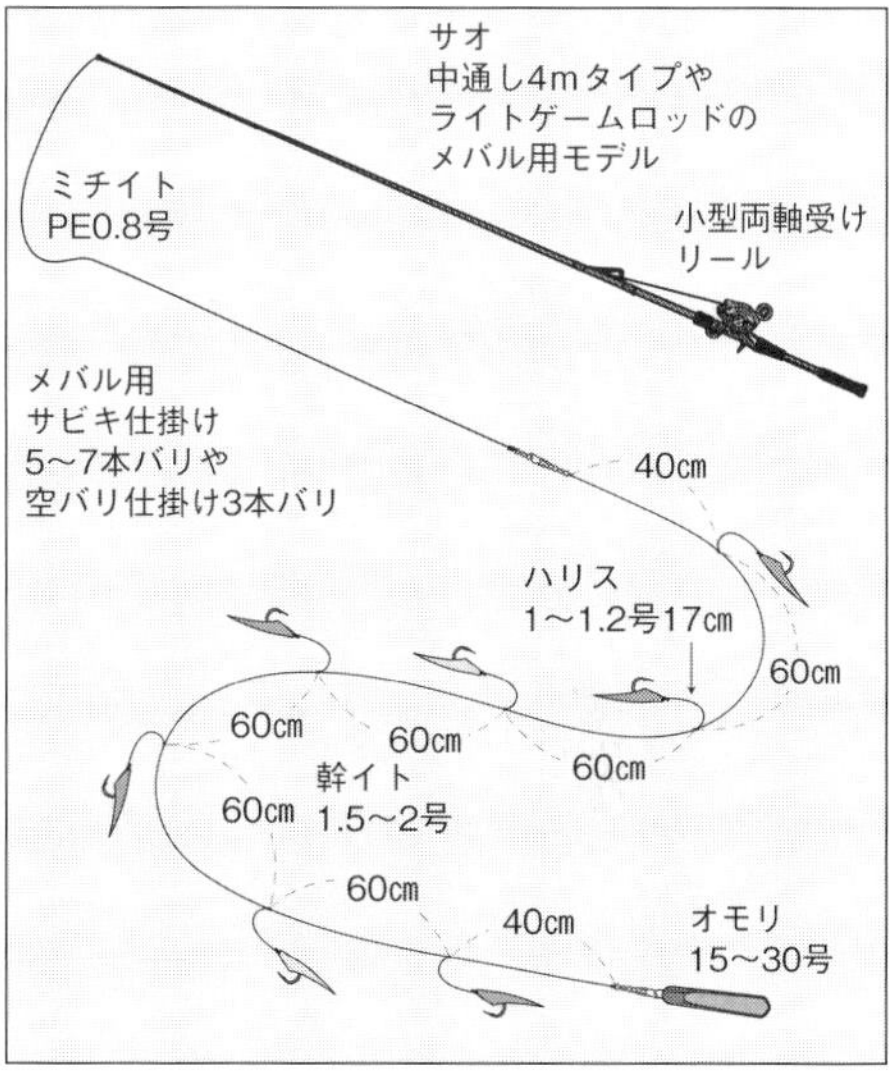

いものがよくフラッシャー付きなどシルエットが大きく派手なものは使わない。特に食いが渋い場合は皮をハサミでカットし、さらに細く短くすると効果的。オモリはポイントの水深や潮流の速さに対応できるよう15〜30号を用意しておく。

1分に1回は底を取り直す

船長の合図で仕掛けを下ろし、オモリが底に着いたら素早く1mほどリールを巻いて底を切る。根の起伏が激しいので、もたもたしているとすぐに根掛かりしてしまうので注意しよう。基本的に船を流して釣るので海底の根の高低がめまぐるしく変化する。そのためひんぱんに底を取り直し、常に海底と仕掛けの位置関係を把握しておくことが大切だ。

水深が深くなっているのに仕掛けの位置がそのままだったりすると、メバルからのアタリが途絶えてしまう。逆にどんどん浅くなっていくのに仕掛け位置が深いままだと、根掛かりばかりで釣りにならない。常時、オモリが海底もしくは根の頂上から1〜2m上にあるイメージで釣るのが大切だ。

ただし、あまりに底の取り直しばかりしていると、食ってくるのがガシラばかりになってしまう。条件にもよるが1

メバルの釣り方

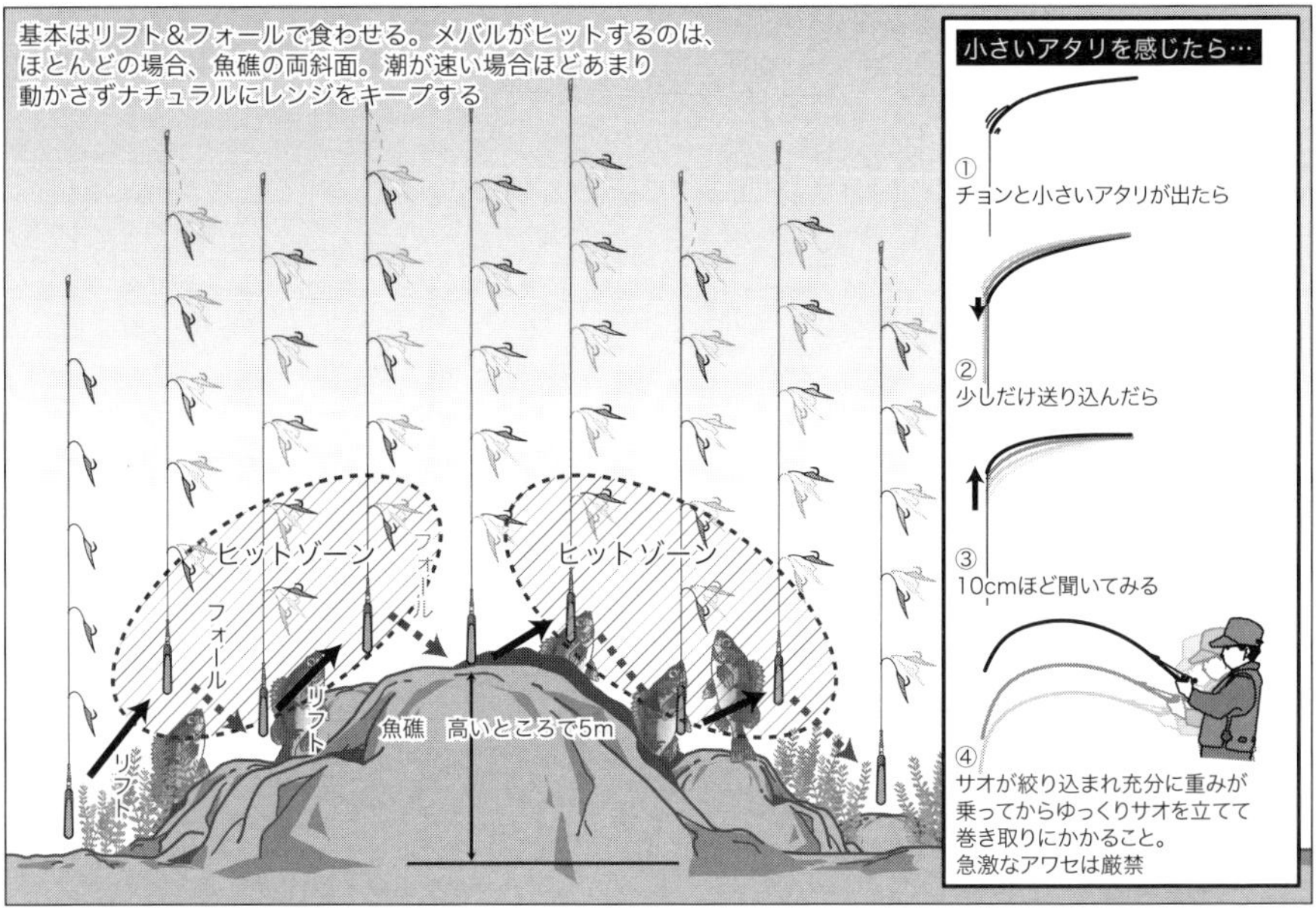
基本はリフト＆フォールで食わせる。メバルがヒットするのは、ほとんどの場合、魚礁の両斜面。潮が速い場合ほどあまり動かさずナチュラルにレンジをキープする
ヒットゾーン
ヒットゾーン
フォール
フォール
リフト
リフト
魚礁　高いところで5m
小さいアタリを感じたら…
①
チョンと小さいアタリが出たら
②
少しだけ送り込んだら
③
10cmほど聞いてみる
④
サオが絞り込まれ充分に重みが乗ってからゆっくりサオを立てて巻き取りにかかること。急激なアワセは厳禁

分に1回、底を取るくらいでよい。

明石海峡に近く潮が速い二見沖では、特にこのレンジキープに神経を集中する。サオを上下させるような誘いの動作は特別必要としない。海底からオモリを1～2m離した状態でじっとアタリを待って、コツッとサオ先に反応が出たら、サオ先を少し下げて送り込み、再び10㎝ほど持ち上げて聞いてみる。

ここで合わせるのはダメ。サオにグイーッと重みが乗るまで待つこと。重みが乗れば、ゆっくりサオを持ち上げるだけでよい。

アタリが出て1尾掛かれば、ゆっくりリールを巻いて2尾目、3尾目の追い食いをねらう。リールを巻かず、そのまま待つと1尾目がハリ外れしやすく、さらに仕掛け絡みや根掛かりの原因になる。ただし追い食いを待つのは長くて20秒ほど。あまり長い時間待つのも同様の理由でNGだ。また、0・8号以下の細いハリスの仕掛けを使うのでドラグ設定は緩めにしておく。良型メバルの引きは、なかなか強烈だ。

釣果が安定するのは例年4月末から5月

実は菊池さん、前年の4月にも近藤丸のメバル釣りに来たのだが、その時は釣果が急に落ち込むタイミングで、船全体でも厳しい釣果だった。この日は常連さんたちと半夜釣りで再挑戦。最初のポイントは水深わずか8m強。

海底からの高さ1～1・5mの人工魚礁が入った小場所である。すると最初こそ20㎝強の中型が多く、アタリも散発だったが、午後8時半ごろに潮流が東流れに転じてからは、小さな魚礁をひと流しするごとに複数のサオが曲がった。そうなってからはレギュラーサイズも25㎝前後と大きくなり、メバルファンのステイタスである30㎝、いわゆる尺ものも数尾まじった。

　サビキ仕掛けでスタートした菊池さんだったが、途中からは好調にアタリが出ていたエサ釣りにチェンジ。ハリにシラサエビをチョン掛けした途端に、29㎝、28㎝と立て続けに大型の釣果を得る。「コツッと当たったら少し送り込んで、ふたたび10㎝ほど持ち上げて聞きます。ここで合わせたらダメ。サオにグイーッと重みが乗るまで待たないといけないんです。重みが乗れば、ゆっくりサオを持ち上げるだけで大丈夫」と菊池さん。明石周辺の船メバルで、4mクラスの軟らかい長ザオを使う理由が実はここにある。

　また、メバルを掛けてからのやり取りにもコツがいる。20㎝そこそこのサイズなら関係ないが、25㎝をオーバーする良型、大型の引きはポイントの水深のなさも手伝って半端ない。強烈に引き込まれた時にリールを巻かないのは当然として、サオの弾力でいなすのだが、その時にサオの角度に注意。できるだけサオを立てた状態をキープし、身体の上下動でメバルの強い引きに追従しハリス切れを防ぐのだ。

　この夜、菊池さんの釣果は29㎝をマックスに25㎝平均をトータル10尾。最後は再びサビキ仕掛けにチェンジ。納得の1尾をゲットし有終の美を飾ったのだった。

良型メバルの強い引き込みは屈伸運動でいなす

常連さんたちも好釣果を楽しんだ

REPORT

誘いがキモだった浅場のサビキメバル釣り

2017年2月1日／西宮今津港出船／釣人家（船宿詳細P119）

底からあまり仕掛けを上げず、誘いを入れると効果てきめん

初めての釣り場へ

まだ春浅い2月、菊池さんがやって来たのは西宮今津港から出船する「釣人家」のサビキメバル半夜便。菊池さんは日頃、広島や山口などの瀬戸内西部でもよくサビキメバルの釣りをする。瀬戸内西部の水深はだいたい20〜30mで浅い。サオもメバル用のライトロッド（3mクラス）が使えて、現在でも25〜26㎝の良型が多点掛けになる。一方、関西エリアは浅場もあるものの、一般的には明石海峡筋を中心にした水深40〜60mのポイントが多い。

この日の釣人家の釣り場は、水深10〜15mの極浅場でオモリは25号が指定だった。「瀬戸内西部の感覚で、スリリングな釣りが楽しめるのでは?」そんな期待を胸に抱いての出船である。ちなみに釣人家のサビキメバルは午前便も出しており、こちらは明石海峡方面の深場に向かう。使用オモリは35〜40号。タックルも一段頑丈なタイプを使う。

「半夜のメバル釣りはサイズのよい魚が浮いてきますから強い引き味が楽しめます。そして2尾目、3尾目と追い食いさせるのもこの釣りの醍醐味です」と菊池さん。

基本はタナ取りと疑似餌の色選び。底取りは1分に1回

午後4時に出船。最初に船長が目指したのは大阪湾奥に浮かぶ新島のテトラ前。すると今津港内は穏やかだったものの、ポイントに着くと北西風がかなり強く、海面がバタバタと波打っている。海底は比較的フラットで水深は13〜15m。このラインを潮というよりも風に任せて船を流して釣る。

4時半に釣りを開始するも、全く反応が出ない。日暮れを迎え絶好の時合になっても状況は変わらず、6時前に他のお客さんが20㎝クラスを1尾ゲットしただけ。そこで神戸港方面にポイント移動することになった。

午後7時過ぎ、神戸港のテトラ前に到着。ここも水深は10m強と浅いが、新島より海底の起伏が激しい。ところどころに小さな根があるようだ。また六甲の山陰になるため、新島に比べて風はだいぶ弱い。

この釣りは「タナ取り」と「擬似餌のカラー選び」がキモになる。前述のとおり仕掛けを投入しオモリが着底したら、すかさ

ずリールを巻いて底を切り、その後は根の起伏に合わせて仕掛けを浮かせすぎないようタナ取りを繰り返す。気を抜いてオモリが底を引いてしまうと、間違いなく根掛かりする。オモリを常に底から1～2mにキープするのが鉄則だ。条件にもよるが、「1分に1回、底を取るくらい」でよい。

ゆっくり下げおろしがキモ。瀬戸内西部流ではアタリが出ない!?

潮が速い瀬戸内西部では、このレンジキープに神経を集中。しかし、阪神間の港湾周りのシャローポイントは魚礁や根が小さく、また潮もゆったりとしか流れない。つまり同じライトタックルの釣りでも、速い潮流の中ならタナをキープするだけでサビキがユラユラなびき、特別な誘いを必要としないのだが、ここでは誘いの動作がメバルに食わせるうえで非常に重要だった。

「ゆっくり仕掛けを下ろす時に食ってきますよ」という、船長のアドバイスがまさにそれ。タナをキープし、じっとアタリを待つだけでは、サビキが垂れ下がったままで大した動きをせず、メバルにアピールできないのだ。虫エサや生きエビを使うエサ釣りと違い、サビキ仕掛けではスローなリフト&フォールが必要だった。

後半はアタリ連発。3月以降も好調の予感

すると菊池さんの快進撃が始まった。目標の2ケタ釣果はあっさりクリア。20㎝弱をレギュラーサイズに、16～23㎝を午後10時頃までに39尾。26㎝オーバーには当たらなかったが、他のお客さんには27㎝も出た。「非常に寒かったので、アタリが多発したのは底から少し切ったタナ。あまり仕掛けを上げすぎるとアタリは出ませんでした」と菊池さん。

釣人家の半夜メバル便は例年12月末にスタートし5月頃まで続く。シーズン初期はまず良型が釣れ、その後1月、2月と型が小さくなり、メバルが抱卵する3～4月にまたサイズアップするというのが例年のパターン。好調なシーズンであれば、3月を迎えて、ふたたび25、26㎝の2連3連も夢ではない。

この日は３ｍのメバル用ライトゲームロッドを使用

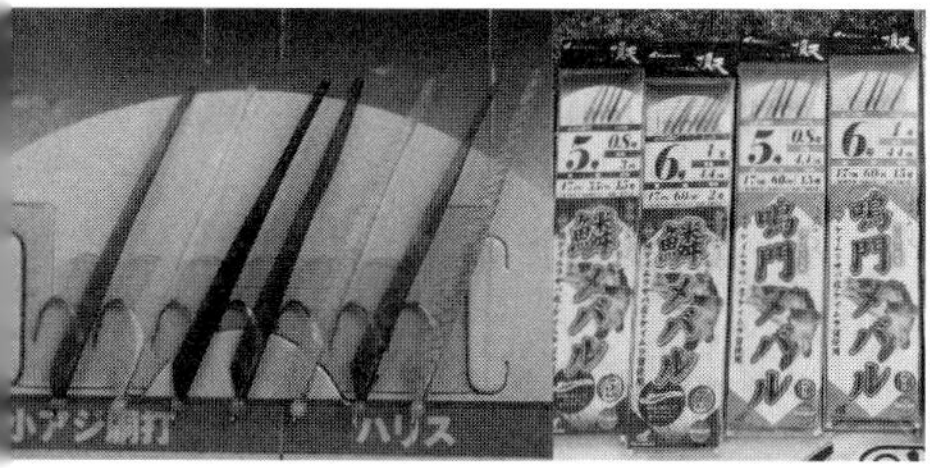

仕掛けはメバル用の全長 4.4 ｍ ７ 本バリサビキ仕掛け。慣れないと扱いづらいが、それを差し引いてもメバルねらいでは広いタナを探れることが有利

サオより仕掛けが長いので、タモを使うような尺メバル以外は幹イトを手繰って船内に引き上げる

イサギ釣りの実践

2019年6月20日／和歌山比井漁港出船／第十二岬丸（船宿詳細P121）

基本の道具立て

　初夏の日差しが心地よい6月下旬、菊池さんがやって来たのは、紀伊水道の出口、日の岬沖のイサギ釣り。和歌山の比井漁港から出船する「第十二岬丸」は、シーズンを通じてさまざまな釣りを案内している。

　イサギ釣りは、アミエビを寄せエサに使うコマセ釣り。サオは3m前後でオモリ負荷50～80号の船用。サオ全体でアタリを取る釣りであり、イサギを掛けてからの口切れを防ぐために、硬く張りの強い先調子のサオは向いていない。柔軟で胴からよく曲がり粘りがある胴調子のサオがベストだ。リールは中小型の電動リールがおすすめだが、手巻きでもかまわない。ミチイトはPEライン3号を150～200m。先イトとしてフロロカーボン6号を2ヒロほど接続しておく。

　先イトに大型テンビンを結んだら、テンビンには鉄仮面120号をセット。さらに2㎜径で長さ30㎝ほどのクッションゴムを介して仕掛けを接続する。

　仕掛けは岬丸なら船宿推奨のオリジナルを使用すれば間違いない。そのほかに

終始好調でダブルもしばしば

は、3～4本バリで全長2～2・4mのサビキまたは空バリ仕様を用意しておけばよいだろう。

あとは鉄仮面にアミエビを入れるアミエビスコップなどもあれば便利だが、素手で作業してもかまわない。

寄せエサに集める

日の岬沖で大型イサギをねらう代表格はトフと呼ばれるポイント。船は潮の流れを見てミヨシ（船首）の1丁イカリでポイントに固定。水深は40～50m平均だ。スタンバイができたら船長が指示するタナまで仕掛けを下ろしサオを上下させ、鉄仮面に詰めた寄せエサのアミを出す。直後にクッションゴム＋仕掛け分の長さを巻き上げ、そのタナでアタリを待つ。あるいは電動リールのスロー巻きで6～7m上までを探ってもよい。

イサギが釣れだしたら寄せエサをあまり出さずにアタリを待つのがコツ。アタリは比較的小さいので、それをどれだけハリに掛けるかが釣果をのばすカギだ。

またイサギが食いだしたらアタリを待つタナを徐々に浅くしていくのが鉄則。寄せエサにつられたイサギがどんどん上ずってくるだけでなく、イサギが大型、良型であるほど群れの上層に

イサギ釣りのタックル

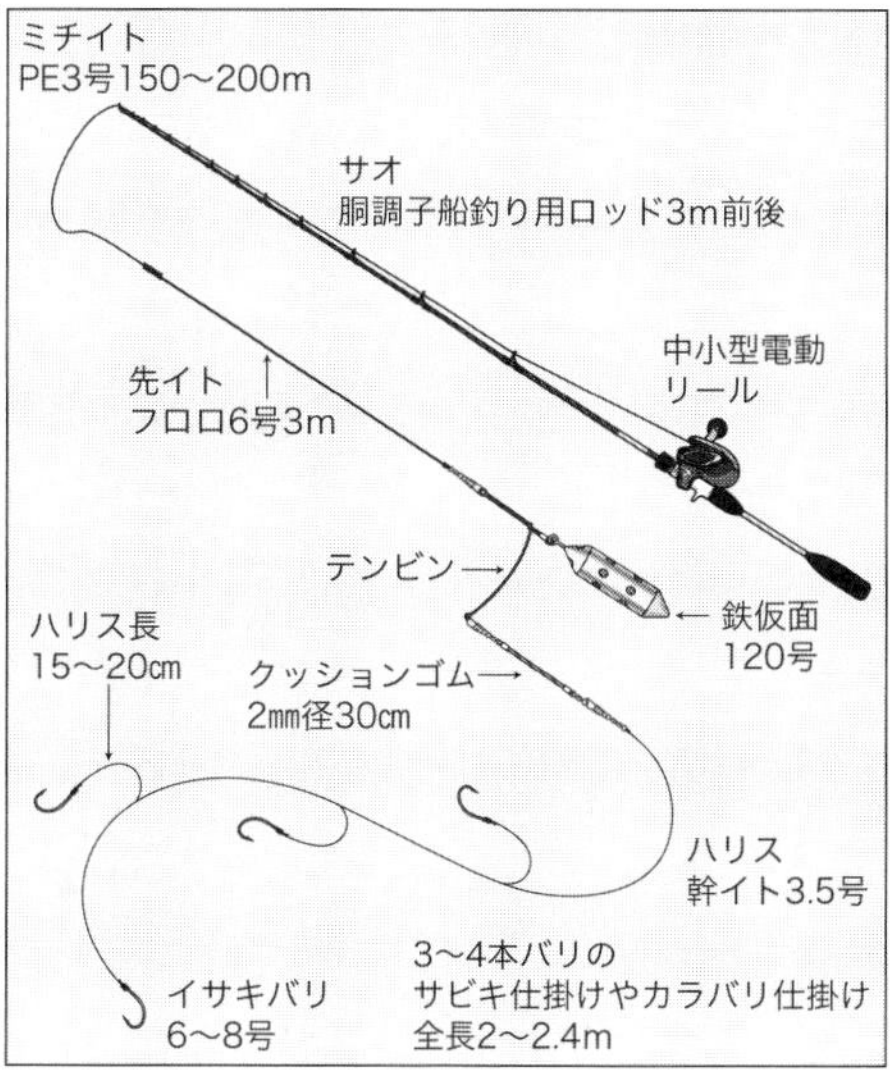

◀テンビンに鉄仮面120号（コマセカゴ）が仕掛けのメイン部分。テンビンと仕掛けの間にはクッションゴムを入れる

右／リールは電動が楽だが手巻きでも問題ない
左／仕掛けはイサギ釣り用のサビキまたは空バリ仕掛け

イサギの釣り方

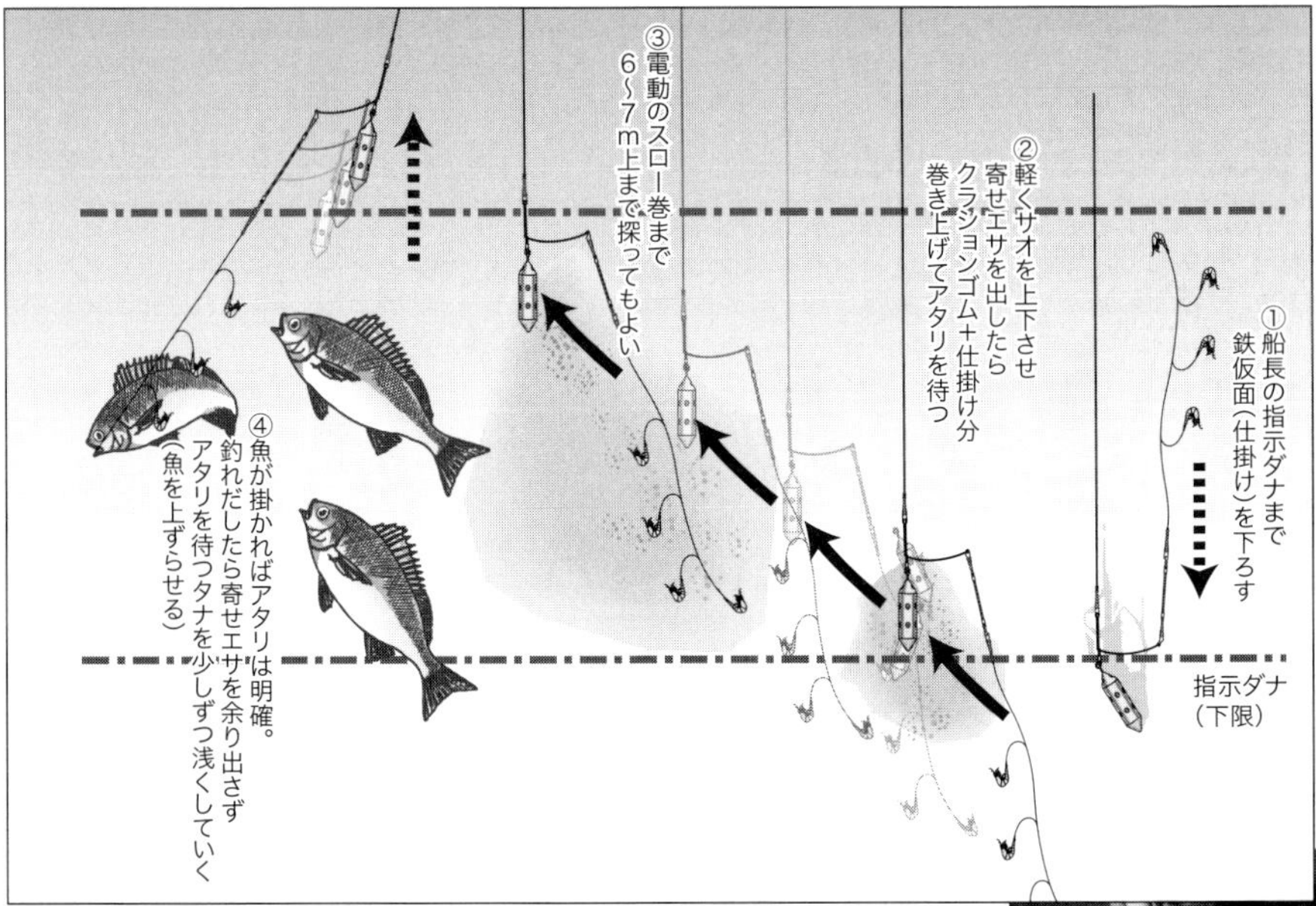

いることが多いからだ。

　注意点としてはアタリがないからといって自分だけタナを深くするのは御法度。それで小型のアタリが一時的に出るようになるが、マキエに寄った群れのタナがボケてしまい、船全体に影響が出てしまう。

　アタリはサオ先にコツコツ、グッグッ程度で大きくは出ない。そしてここで合わせてはダメ。小アタリが出たらサオ先を少し持ち上げてサオ全体に重みが乗りグーッと引き込まれるのを待つ。この際も激しく大きなアワセは不要だ。激しく合わせると口が軟らかいイサギなので口切れすることがある。あとは電動リールの巻き上げスイッチを入れるだけ。

▲寄せエサのアミエビを鉄仮面に入れる。あまり詰めすぎないのがコツ

右／基本はサビキか空バリそのままだが、食いが悪ければオキアミを刺してもよい
左／僚船の向こうが紀伊水道の出口付近に突き出した日の岬

アタリが多いのでどんどん抜き上げる。
足もとのイケスは常に賑やか

巻き上げスピードは中速。あまり速く巻き上げると、これまた口切れの原因になる。船縁に浮かせたイサギは小型なら抜き上げてしまってもよいが35㎝以上、40㎝クラスの良型は無理せずタモで取り込もう。特に良型が2尾、3尾と複数掛かっている場合は慎重に取り込みたい。

期待どおりに良型が連発!

この日はお昼前出船の午後便。前日の前線通過で心配された波もなく快晴。水温22℃、下り潮で条件は悪くない。最初にまとまったアタリが出たのは水深49m地点。底を5mほど切ったタナで連発。どれも35㎝以上はある良型だ。その後は、ブリの回遊でヒットさせたイサギを横取りされることもたびたび起こったが、全員順調にイサギを釣りあげていく。なかには40㎝オーバーも混じった。夕刻は浅いポイントに移動し連掛け大フィーバー。ここでは30㎝までの小型も多かったが、船中の全員が50尾前後の釣果をクーラーに収めて帰港した。

シロギス釣りの実践

2019年6月5日／姫路港出船／知々丸（船宿詳細P118）

「これは今日イチですね」という一尾は25㎝ほど

基本の道具立て

春はタイラバでマダイばかり、夏から秋はテンヤでタチウオばかり。おかげで家の冷蔵庫は2つの魚がいつもぎっしり。「嫁さんには、タイもタチウオも、もういらないと言われてるんです」と贅沢な悩みを抱える菊池さん。たまにはのびりゆったり、神経を尖らせ、誘いに食わせに必死になる釣りから離れるなら……ということで、6月上旬、やって来たのは姫路港にある知々丸のシロギス乗合船である。

ボートからのシロギス釣りではスピニングタックルもよく使用されるが、知々丸では釣り客同士のオマツリを避けるため、イトフケが出にくいベイトタックルの使用がお約束。サオ先が敏感な先調子で全長1・8m前後のベイトロッドに、両軸受けリールの組み合わせが基本になる。各社から発売されている船の小もの釣り用、キス釣り用のベイトロッド、ベイトリールを選べば間違いないだろう。

　菊池さんは中小型のベイトリールにマッチする操作感を優先し、サオはライトゲームロッドの1・85m・8：2調子のもの、リールはカウンター付きの200番のものを準備した。ただし、海底メインのキス釣りなので水深カウンターなしで構わない。

　仕掛けは市販の「船キス」用が幅広く使えるが、一度に複数のキスを釣りあげる連掛けを重視するなら3、4本バリがよい。この仕掛けを、テンビンを介して先イト、ミチイトに接続。先イトにはフロロカーボン3号を1ヒロ（約3m）、ミチイトはPEラインの0・8号を100mほど巻いておけばよい。オモリは船中統一の30号が基本。オモリタイプは六角でもナス型でもかまわない。

エサはこまめに交換 リールの巻きすぎに注意

　エサはアオイソメかイシゴカイだが、半日の釣りでアオイソメが1人1000円分もあれば充分。ちなみに

シロギス釣りのタックル

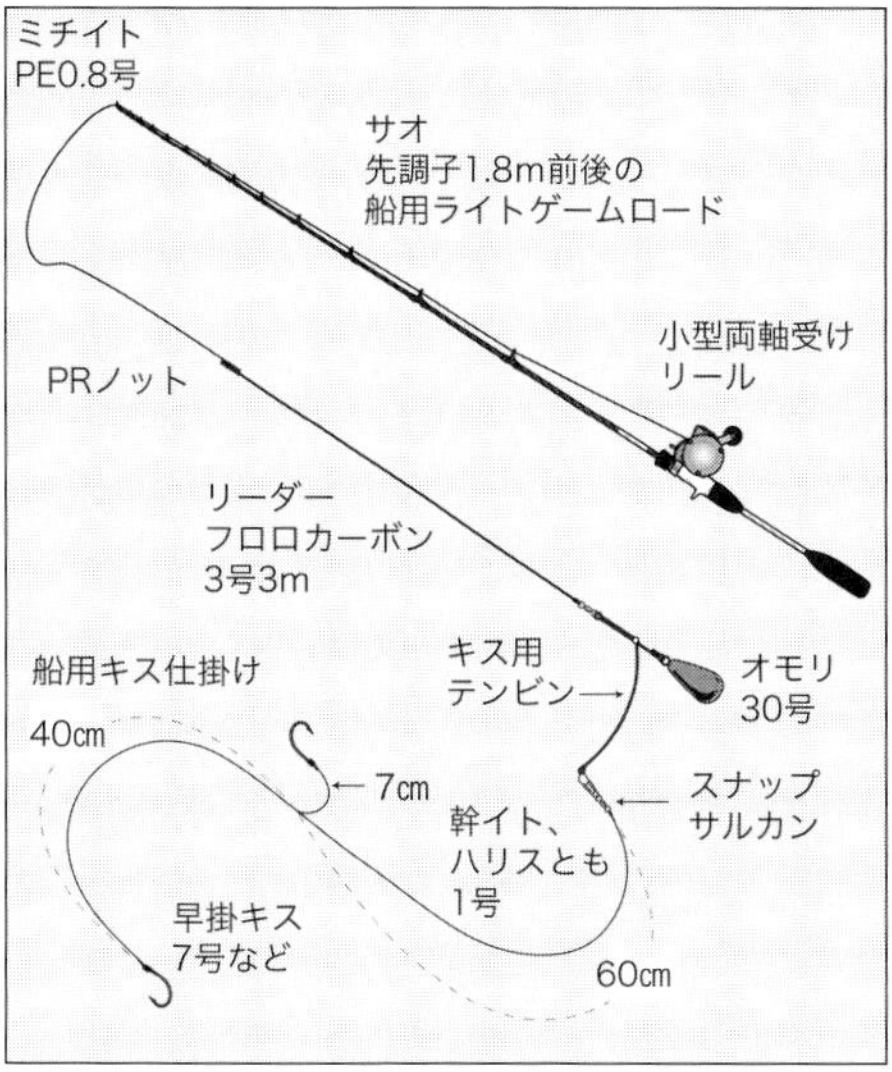

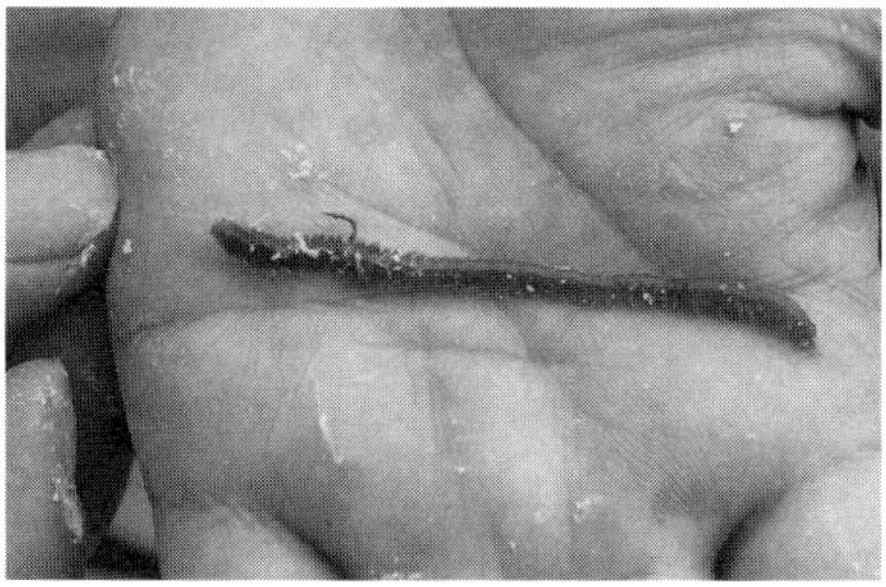

アオイソメはハリに通し刺し。まずはこれくらい長くてもよい

仕掛けは市販の船キス用各種。テンビンもキス用のものを使用する

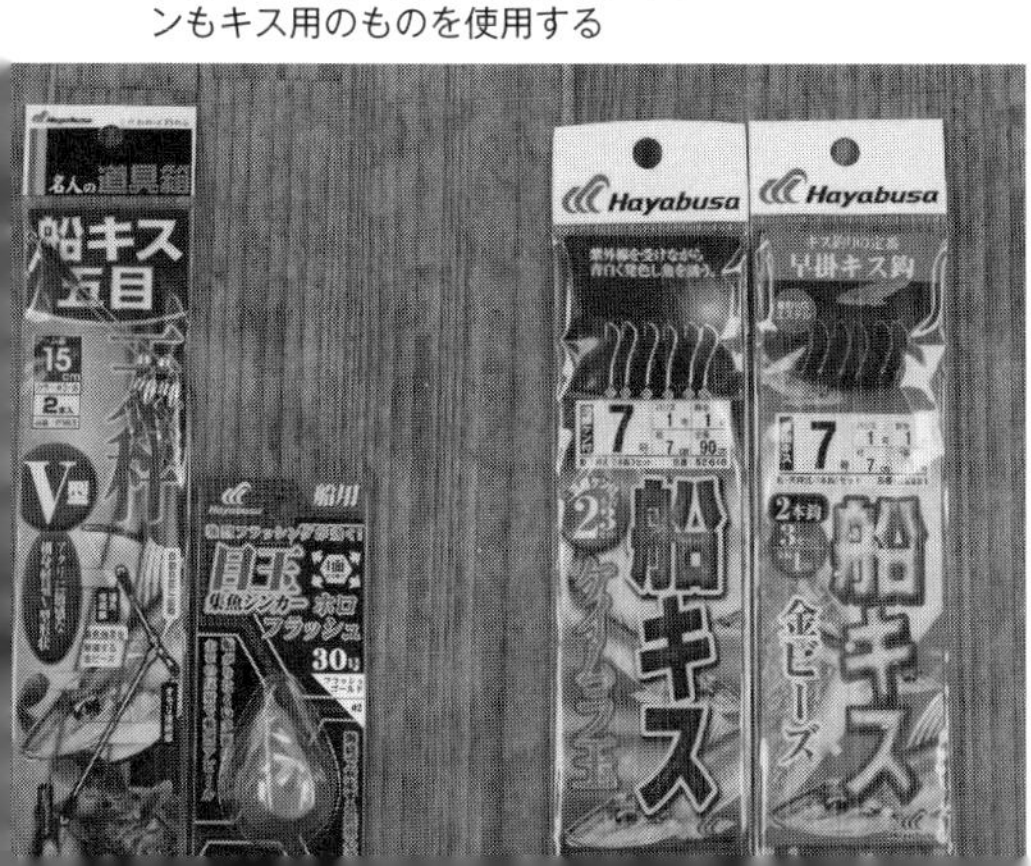

シロギスの釣り方

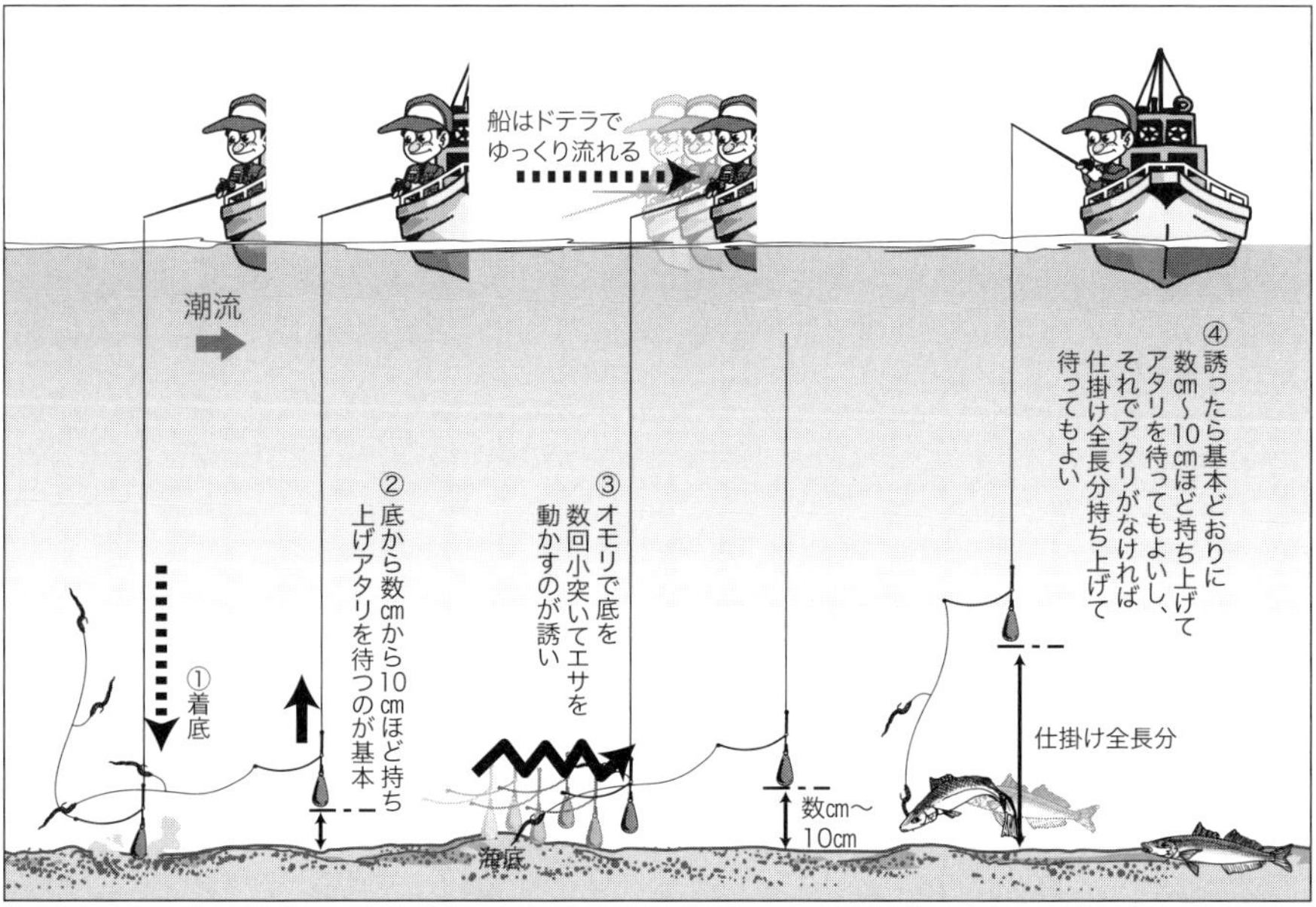
船はドテラで
ゆっくり流れる
潮流
①着底
②底から数㎝から10㎝ほど持ち
上げアタリを待つのが基本
③オモリで底を
数回小突いてエサを
動かすのが誘い
④誘ったら基本どおりに
数㎝～10㎝ほど持ち上げて
アタリを待ってもよいし、
それでアタリがなければ
仕掛け全長分持ち上げて
待ってもよい
仕掛け全長分
数㎝～
10㎝
海底

知々丸では仕掛け類もエサも各自で準備、持参するシステムだ。

　また虫エサを効率よく簡単にハリに刺すため、指先に付ける滑り止めとして石粉（釣具店、エサ店で購入可）を持参すればベター。また虫エサを弱りにくくするために木製のエサ箱があればさらによい。気温が高い時期の釣りなのでエサを小分けにし、すぐに使用しないものはクーラーに入れておく。クネクネよく動く元気なアオイソメやイシゴカイはハリに通し刺しにする。５㎝ほどの長さなら1匹丸ごと、あまりにも長く大きいエサは半分にカットしても構わないが、知々丸の常連さんの話では「大きく太いエサほど大きいキスが釣れる」。

　アタリがない場合は、時折仕掛けを回収。虫エサが伸びきって動かなくなっていたら、きれいなままでも即交換。エサの動きがキスの食い気にスイッチを入れてくれるからだ。

好ポイントに入ればジャンジャン当たる！
どんどん釣れる！

ただキスの活性が非常に高く、中小型がどんどん当たってくる時などは、浜からの投げ釣りで数釣りをする場合のように、ハリ一杯にカットした短いエサでも食いがよく能率的（エサの消費という意味でも）なので、状況に応じてエサの付け方を工夫したい。

エサをセットしたら仕掛けは船の真下に落とす。水深30m平均なので、あっという間に着底。船を流しながらの釣りなのでオモリを底から離さないようミチイトを軽く張ってアタリを待つ。サオ先がプルプル震え、クイッとサオ先が持ち込まれたときに手首を返すように軽く合わせて巻き上げる。海面からは仕掛けを抜き上げてキスを取り込むが、リールを巻きすぎていないよう注意。サオを立てたときにオモリが自分の目の前にくるぐらいを目安に調整しよう。

相手は自然の魚なのでご機嫌斜めで食いが渋い日もある。底を引きずる基本的な釣り方だけではなかなか釣果が伸びない時は、わずかに底を切ってアタリを待つ方法も覚えておきたい。常連さんによると「オモリを着底させたらトントントンとオモリで何回か底を叩いてから、数㎝から10㎝くらい持ち上げてアタリを待ちます。これでアタリが少ない場合は仕掛けの全長分持ち上げてみるといいですよ」とのこと。

また、ハリの数だけキスを連掛けさせようとアタリがあっても合わせず待ち続けるのは効率が悪い。キスに食い気があれば、ほぼ最初のアタリで2尾、3尾と一気に食い付いてくれる。

家島諸島周辺で釣れるキスのサイズは平均20㎝前後で最大で25㎝。時には尺近い大型も釣れる。菊池さんもしっかりアタリを楽しんだ。ちょっとしたコツさえつかめば非常にお手軽な釣り。根掛かりやオマツリも少ないので、夏休みのファミリーサービスにももってこいだ。

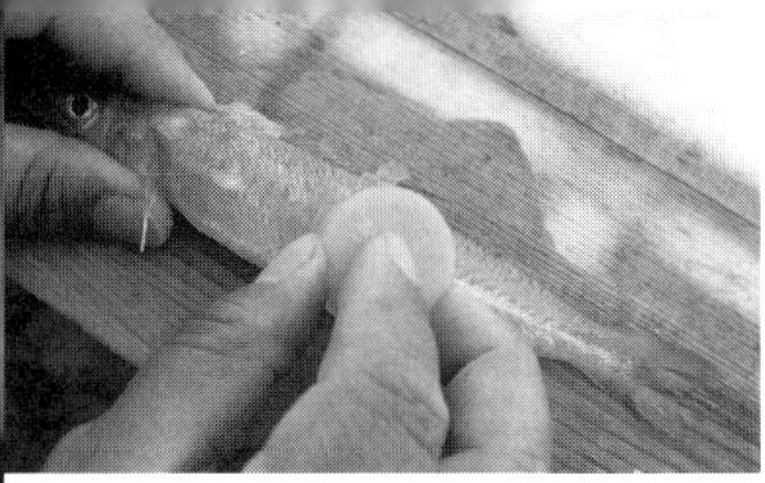

ウロコ取りにはペットボトルのキャップが便利だ

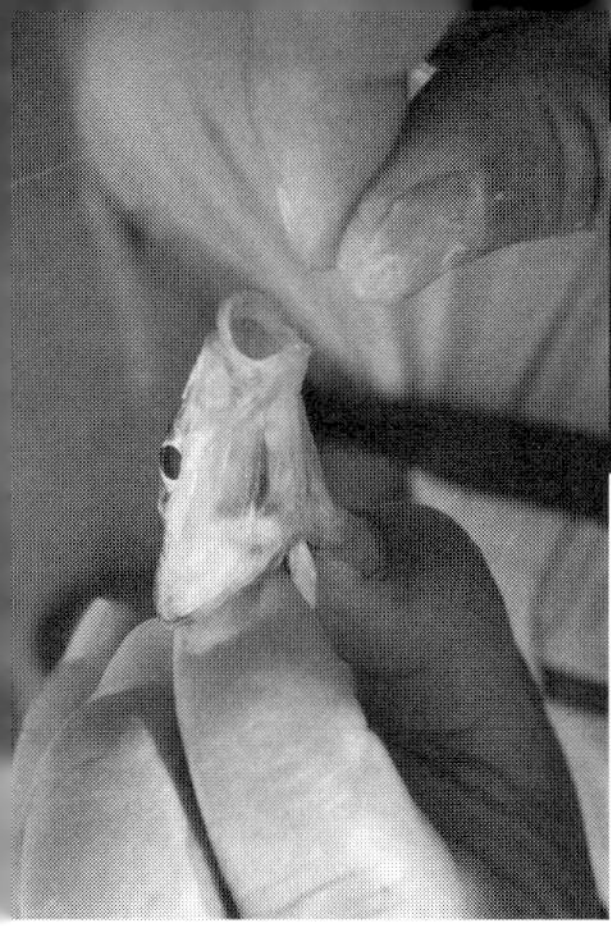

ハリを飲み込まれたら、エラブタに指を入れてハリスごと引っ張るとズルっと外せる

家島周辺はキスの宝庫だ

鬼アジ釣りの実践

2017年7月11日／泉佐野食品コンビナート出船／漁幸丸（船宿詳細P120）

基本の道具立て

7月上旬、菊池さんがやって来たのは泉佐野の食品コンビナートから出航する「漁幸丸」。ねらいは〝鬼アジ〟こと初夏の大型マアジ。これをオキアミをエサにしたドウヅキ仕掛けでねらう。タックルに関しては、まずはビンビンに硬いサオは厳禁だ。マアジは元々口が柔らかい。そこでサオは、鬼アジのアタリに大して柔軟に追随できる7：3調子、もしくは6：4調子といった、魚の引きが胴に乗りやすい胴調子のもの、あるいはそれに近い調子のものが向いている。長さは3mまでで充分だが人それぞれで、他の釣り人より前に仕掛けを出し、オマツリを避けるために4mクラスの中通し磯ザオを使う人もいる。

菊池さんは2・3m前後で6：4もしくは7：3調子のライトゲームロッドを使用。リールは小型のベイトリールでよく、底を基準に釣るので水深カウンターも特に必要ない。これにPEライン0・8号を100m以上巻いておく。PEラインの先にはフロロカーボン3号を2ヒロ（3

午後3時過ぎにヒットさせた42㎝。これが鬼アジ

m）ほど接続。仕掛けは前述のドウヅキ3～4本バリもしくは手返しがよいサビキの3～4本バリだが、サビキだけでは食いが悪い場合に備え、オキアミのエサを刺せるようカラバリがミックスされたものが便利だ。菊池さんは上2本がサビキ、下2本が空バリの鬼アジ用仕掛けをチョイス。通常はエサ釣りに分があるが、食いが立って入れ食いになるような状況だとサビキ仕掛けが優位。その両方の「ええとこどり」をしたのがミックス仕掛けということになる。オモリは40号で統一である。

　エサのオキアミは船に用意されていることが多いが、持参するならLLサイズ。生タイプでもよいし味付けされた加工タイプでもよい。オキアミは尾羽根をカットして真っ直ぐ刺しハリ先を出しておく。

余計な誘いはしない

　釣り方はオモリを着底させたら、わずかに底を切って、あとはそのまま待つ。仕掛けを動かしてはいけない。ピタッとレンジキープし誘いは一切不要だ。

　長く待ってもアタリがないと、ついついサオを上下させてアピールしたくなるが、それを我慢するのが鬼アジ釣りのコツである。

鬼アジ釣りのタックル

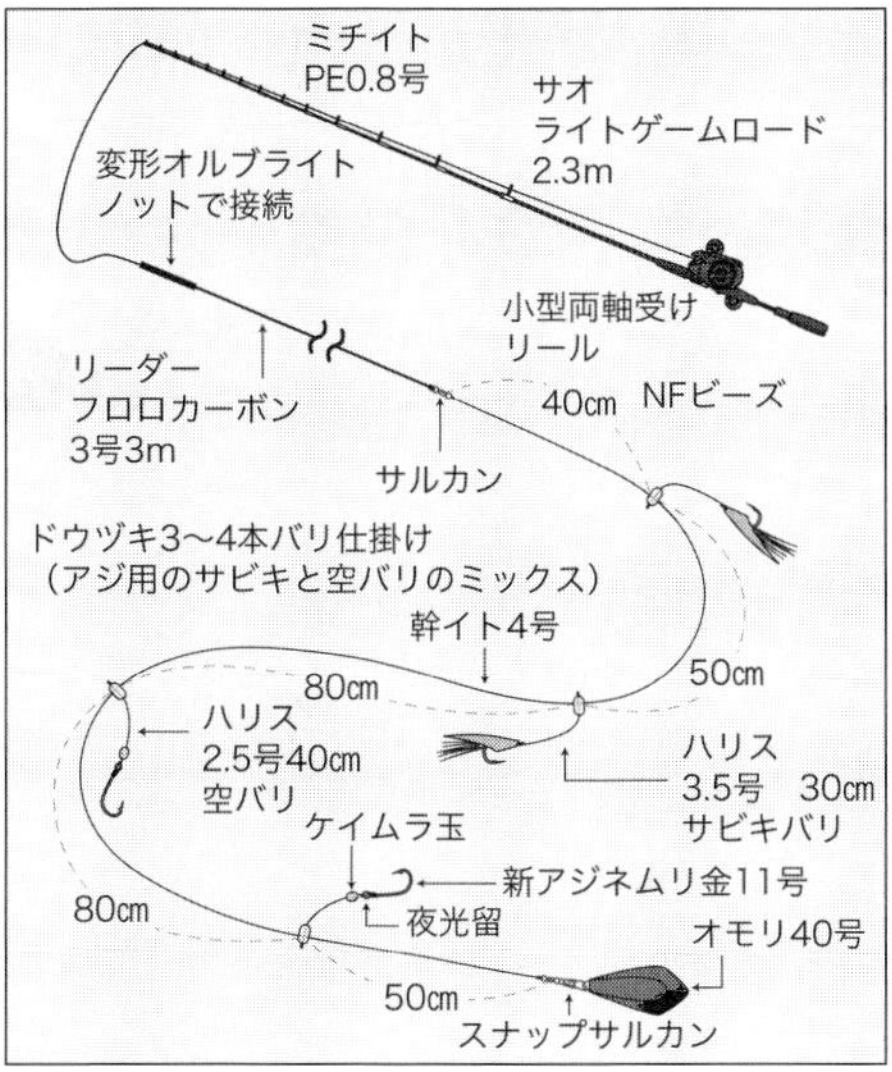

▲サオは2.3ｍ前後のライトゲームロッドを使用。リールは手巻き。仕掛けは市販の大アジ用が各種使える

オキアミを付ける時は尾羽根をカットしてハリ先を入れ、途中でハリ先を抜いて真っ直ぐになるように取り付ける

鬼アジの釣り方

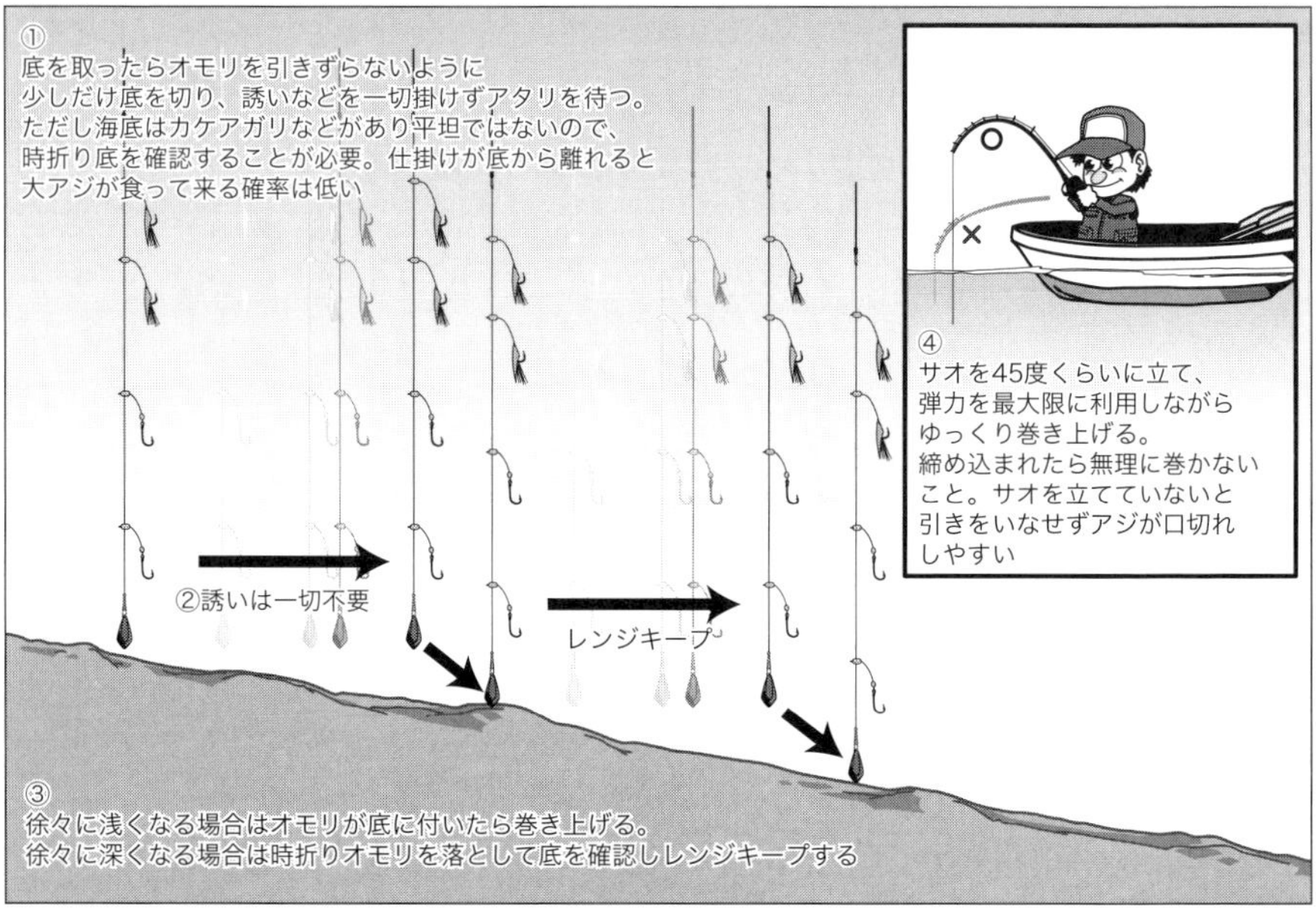

①
底を取ったらオモリを引きずらないように
少しだけ底を切り、誘いなどを一切掛けずアタリを待つ。
ただし海底はカケアガリなどがあり平坦ではないので、
時折り底を確認することが必要。仕掛けが底から離れると
大アジが食って来る確率は低い
②誘いは一切不要
レンジキープ
③
徐々に浅くなる場合はオモリが底に付いたら巻き上げる。
徐々に深くなる場合は時折りオモリを落として底を確認しレンジキープする
④
サオを45度くらいに立て、
弾力を最大限に利用しながら
ゆっくり巻き上げる。
締め込まれたら無理に巻かない
こと。サオを立てていないと
引きをいなせずアジが口切れ
しやすい

ただ水深は一定ではなく海底はカケアガリになっているため、時折底を取り直して底スレスレのレンジキープを心がけることが必要だ。また仕掛けが斜めに海中に入っている状態だと極端にアタリが出なくなるので、仕掛けをきっちり立たせることが重要。

　アタリはサオ先が引き込まれたり、食い上げでポンと戻ったりと明確な場合が多いので、アジを掛けること自体はそれほど難しくない。

　気を付けなければいけないのはリールの巻き上げで、やり取り中の口切れによるバラシだ。とにかくポンピングは御法度、リールは一定のテンションでゆっくり巻き、鬼アジの反撃に遭ったらリーリングストップ、激しく突っ込まれた場合は自分の身体の上下動で引きをいなす。

　一番だいじなのはサオの角度。船釣りでは水平より下の角度でサ

漁幸丸

釣り方はシンプルなので、仲間と気軽に楽しむのにも打ってつけ

オをキープし巻き上げることが多いが、鬼アジの場合は、サオの弾力を最大限に生かし口切れを防ぐ必要があるので、サオは前方45度が鉄則。強烈な突っ込みで引きをいなす場合も、この角度はキープしサオ全体の上下動で対応するのが鉄則だ。とにかく獲物は大型のアジ。2尾、3尾と追い食いを待たず、1尾1尾確実に釣り上げよう。

目標の40㎝オーバーもヒット

泉佐野からポイントまで約1時間。正午に釣りを開始した。前日の天気予報では一日中曇りのはずだったが抜群の快晴。そんな中、最初にサオを曲げたのは、Tポート貝塚店の食野聡志店長。40㎝には少し足りないサイズだが、立派な大アジだ。しかも見るからに美味しそうな黄アジ。ここから船中のあちらこちらで歓声が上がり、菊池さんも後半から追い上げるように良型アジのアタリを堪能した。この日の最大サイズ43㎝とそれに次ぐ42㎝の鬼を退治して合計5尾ゲット。なお、船縁に浮かせた鬼アジは抜き上げるのは厳禁。船のスタッフにタモですくってもらう。大忙しで間に合わない場合は他の乗船者にお願いしよう。

◀サオの長さは人それぞれ。4ｍクラスの中通し磯ザオを使う人もいる

▲同船者も順調にヒット

▼海面まで浮かせたら抜き上げは厳禁。必ずタモですくってもらう

船タコエギングの実践

2017年6月6日／兵庫東二見港出船／近藤丸（船宿詳細P118）

菊池さんの１杯目。吸盤がランダムに並んでいるのでオス

基本の道具立て

夏のハイシーズンともなれば、連日満船となる明石エリアの船タコエギング。シーズン序盤となる6月6日、菊池さんがやって来たのは春のメバル釣りでも乗船した東二見港の「近藤丸」。この日も釣り場は盛況。近藤丸も2隻態勢での出船だった。

ロッドは各社からタコエギング専用が発売されているので、それを選べば問題ない。長さ1・8〜1・9mで柔軟で敏感な穂先、海底から大ダコを引きはがせる胴のパワーを備えたものが理想だ。ただし、他の釣り用のサオも一部は流用可能。この日の菊池さんは、1・9m・8：2調子のテンヤタチウオ用ロッドを使用した。

リールは小型の船用ベイトリールでOKだが、タコに力負けしない大型ノブ採用のパワーハンドルを備えたものが望ましい。ラインはPE1・5〜2号、先イトとしてフロロカーボン10号を2ヒロほど接続する。

先イトにタコエギング用のスナップを結んだら、真ん中にはオモリ50号、両側のスナップにタコ餌木もしくはタコスッテを2個付けるのが近年の流行。菊池さんもつやつやパール玉とラバースカートでタコを誘惑するマダコ用スッテと、ラトル、ブレードなどを装備

▲サオはタチウオ用だがマダコにも使える1.9 mのテンヤ用を使用

船タコエギングのタックル

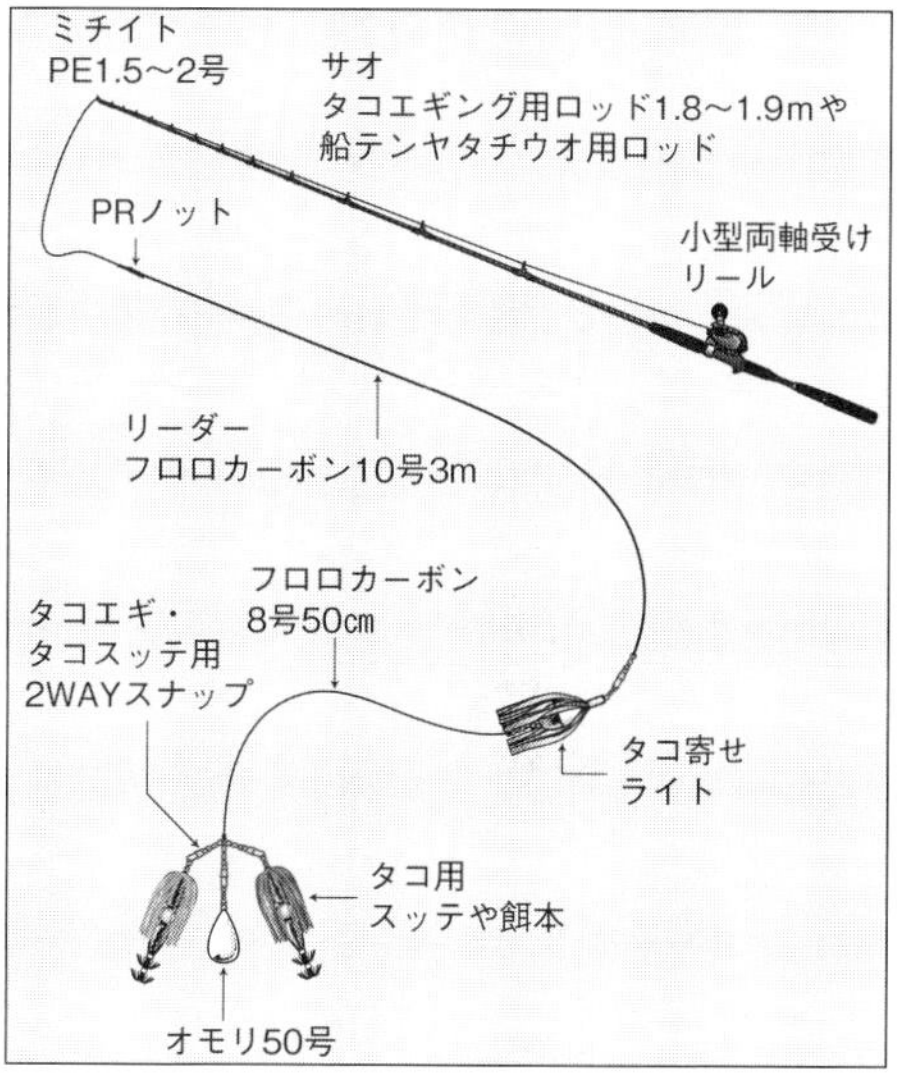

左がパール玉やラバースカートの付いたマダコ用スッテ。右がタコ餌木。スッテと餌木はどちらか一方でも組み合わせてもよい

仕掛け上部に付けるタコ用の集魚ライトやマダコが好むフレーバーを塗布するスプレーも効果がある

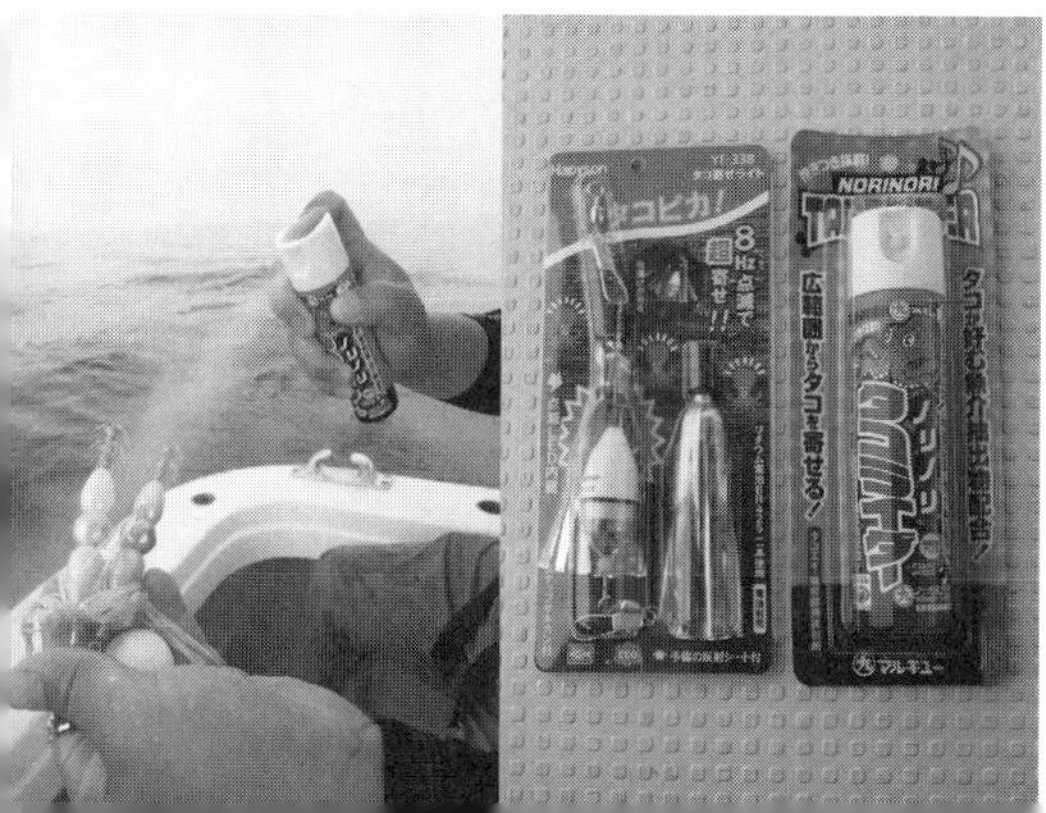

したタコ餌木の2つを準備した。

餌木やスッテのカラーも重要で、ポイントの水深が深かったり、浅くても雨天、曇天で海底に届く光線量が少ない日は、白やチャート系など暗くても目立つカラーがよい。餌木と先イトの間にライトなどを接続し、アピール力をアップさせるのも効果がある。また餌木にタコが好む味を付けられるスプレーをひと吹きするのもありだ。

じっくり待ってからの遅アワセ

船タコエギングはシンプルな釣りではあるが、とにかく釣果に差が出る釣りである。わずか数杯しか釣れないかと思えば、その横で何十杯ものタコを釣りあげる人がいるという具合。多く

船タコエギングの釣り方

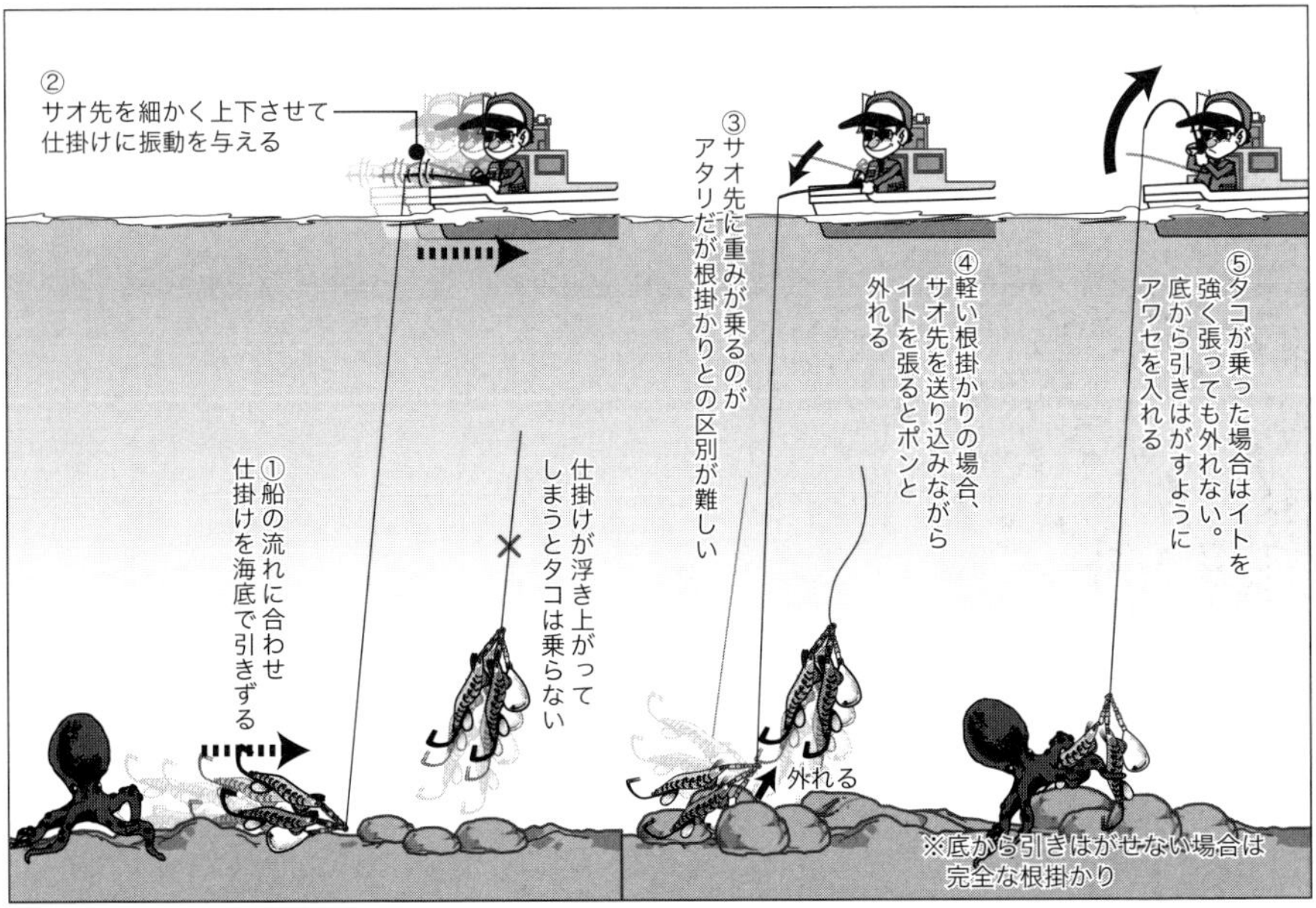

②サオ先を細かく上下させて仕掛けに振動を与える
③サオ先に重みが乗るのがアタリだが根掛かりとの区別が難しい
④軽い根掛かりの場合、サオ先を送り込みながらイトを張るとポンと外れる
⑤タコが乗った場合はイトを強く張っても外れない。底から引きはがすようにアワセを入れる
①船の流れに合わせ仕掛けを海底で引きずる
仕掛けが浮き上がってしまうとタコは乗らない
外れる
※底から引きはがせない場合は完全な根掛かり

の釣り人が熱くなる理由がここにある。もちろん、明石海峡の速潮にもまれて育った筋肉質でぷりぷりの「明石だこ」が、抜群に美味いことも間違いない。

その一方で、釣果に差が出るものの、基本的には簡単な釣りなので初心者でも充分釣果にありつける。仕掛けを底まで落としたらイトを張り船の流れにまかせ、海底の仕掛けを浮かすことなくズルズル引きずるだけ。この時にサオ先を細かく上下させ、海底の餌木やスッテを震わせてタコにアピールするのがテクニックといえばテクニック。

問題はアワセのタイミングだ。違和感を覚えてサオ先を持ち上げて聞くという動作は絶対ダメ。それでタコが餌木から離れてしまうという。とにかくサオ先に異変を感じ重たくなっても、待って待って、待って、待ってから遅アワセが鉄則だ。

第八明石丸

明石のタコ釣りは満船が当たり前

菊池さんのこの日最大サイズ。シーズン初期なのでまだ脚が細いが、梅雨明けにはもっと肉厚になる

サオ先を送り込みながらイトを張りサオ先が充分に曲がり込むまで待っていると、石や海藻に掛かっただけの場合はポンと外れて軽くなる。タコが乗っている場合は、それがなかなか外れない。「もう充分」と思えるほど待ってから、タコを海底から引きはがすようにアワセを入れるのだ。ただ完全に根掛かりしている場合もあるので、その判断が難しいところである。

ポイントの水深は二見沖など浅いところで10mほどだが、明石海峡筋の深いところでは40〜60mになる。特に水温が低い初期は深場をねらうことが多い。また、潮流がぶっ飛ぶ時間帯は釣果がガクンと落ちるので、潮の速さに合わせて各船長がポイントを東へ西へ移動する。

タコが掛かったと思ったら、ポンピングせず一定速度でリールを巻き、海面まで浮かせる。中小型なら一気に抜き上げて船内へ入れる。2kgもあるような大型なら無理をせず船長にお願いしてタモですくってもらう。

この日は近藤丸がマダコ釣りに出始めたばかりのシーズン初期。まだ水温が低いため、水深30mラインを中心にねらった。「水深がありますし、お昼前からは小雨まじりの曇天で海底の光線量が少ないため、白やチャート系で暗くても目立つカラーがいいようです」と菊池さん。餌木とスッテの色選びでタコの乗りには大きな差が出たが、最低でも1人10杯前後の釣果を得て、午後1時に沖上がりとなった。明石のタコ釣り人気は絶大。週末釣行の場合は特に早めの予約が必要だ。

これくらいのサイズなら一気に抜き上げる。釣ったマダコはそのままだと脱走するので、洗濯ネットなどを利用して足もとのイケスへ

カワハギ釣りの実践

2017年11月2日／和歌山加太港出船／三邦丸（船宿詳細P121）

加太は関西カワハギ釣りシーンの最前線

基本の道具立て

カワハギ釣りのシーズンは秋から。水温の低下とともに、それまで散らばっていたカワハギが深場に集まり始める。夏も釣れるが、まとまったアタリが楽しめるのがこの季節からなのだ。11上旬、菊池さんはハイシーズンを迎えた加太のカワハギ釣りを楽しむべく、関西でいち早くカワハギの遊漁船を始めた「三邦丸」を訪れた。

カワハギ釣りのサオは、各社から発売されている専用モデルが基本。菊池さんは1・75mのカワハギザオに小型軽量の両軸受けリールを使用。ラインはPE0・6号。その先にフロロリーダー4号を1ヒロ（約1・5m）

カワハギ釣りのタックル

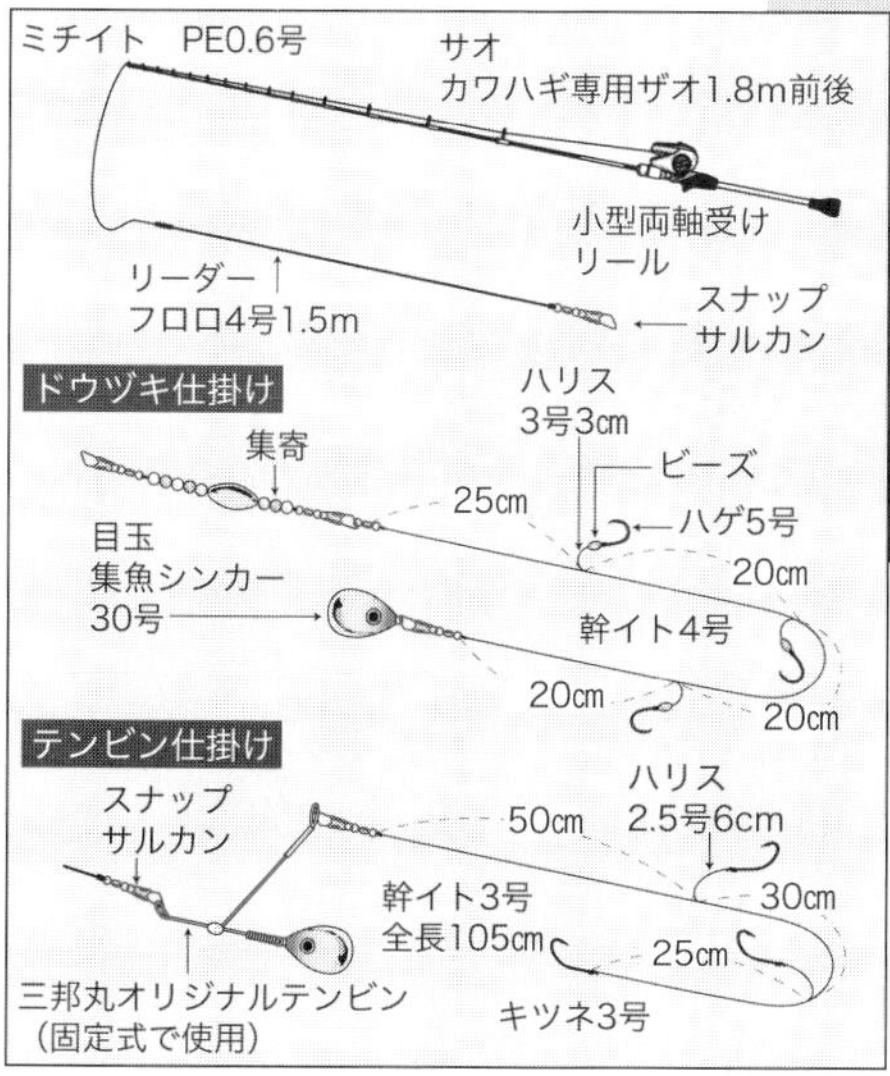

釣れるカワハギはキモパン状態。25㎝は普通サイズ、30㎝オーバーも期待大

接続し、ドウヅキ式のカワハギ専用仕掛けを結ぶ。加太でのオモリは30号で統一だ。カワハギ用の仕掛けはさまざまなものが市販されているが、幹イト4号、ハリス3号、枝間20㎝程度で3本バリのものが標準的。エサはアサリを使用するが、この付け方にコツがある。また、三邦丸オリジナルの吹き流し式の場合、船宿オリジナルのテンビンに専用の仕掛けをセットして使用する。

なお、身に血が回りやすいカワハギは、釣りあげたらすぐに締めて血抜きするほうがよく、釣り用のナイフなどを持参しておけば安心だ。エラブタから刃物を入れ、口の後方を腹側に向かって切り裂くのがよい締め方。こうすると海水に漬けなくてもしっかり血が抜ける。

サオはカワハギ専用を使う

基本は底ねらい。テンビン仕掛けも面白い

ドウヅキ式の場合はオモリで一旦底を取ったら、わずかに底を切り仕掛けを上下させたりしゃくったりと、さまざまな誘いを駆使してアタリを待つ。釣れるカワハギには小型もいるが20㎝台が当たり前、尺クラスの実績も多数である。30㎝オーバーの尺ハギも夢で

三邦丸では船宿オリジナルの仕掛け（ドウヅキ、テンビンの２種類）とカワハギ用のテンビンを販売

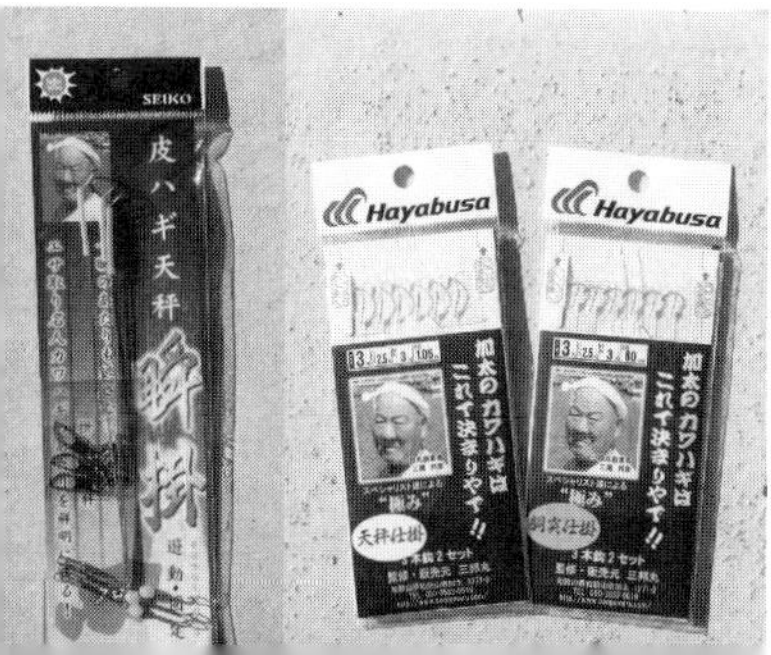

カワハギの釣り方

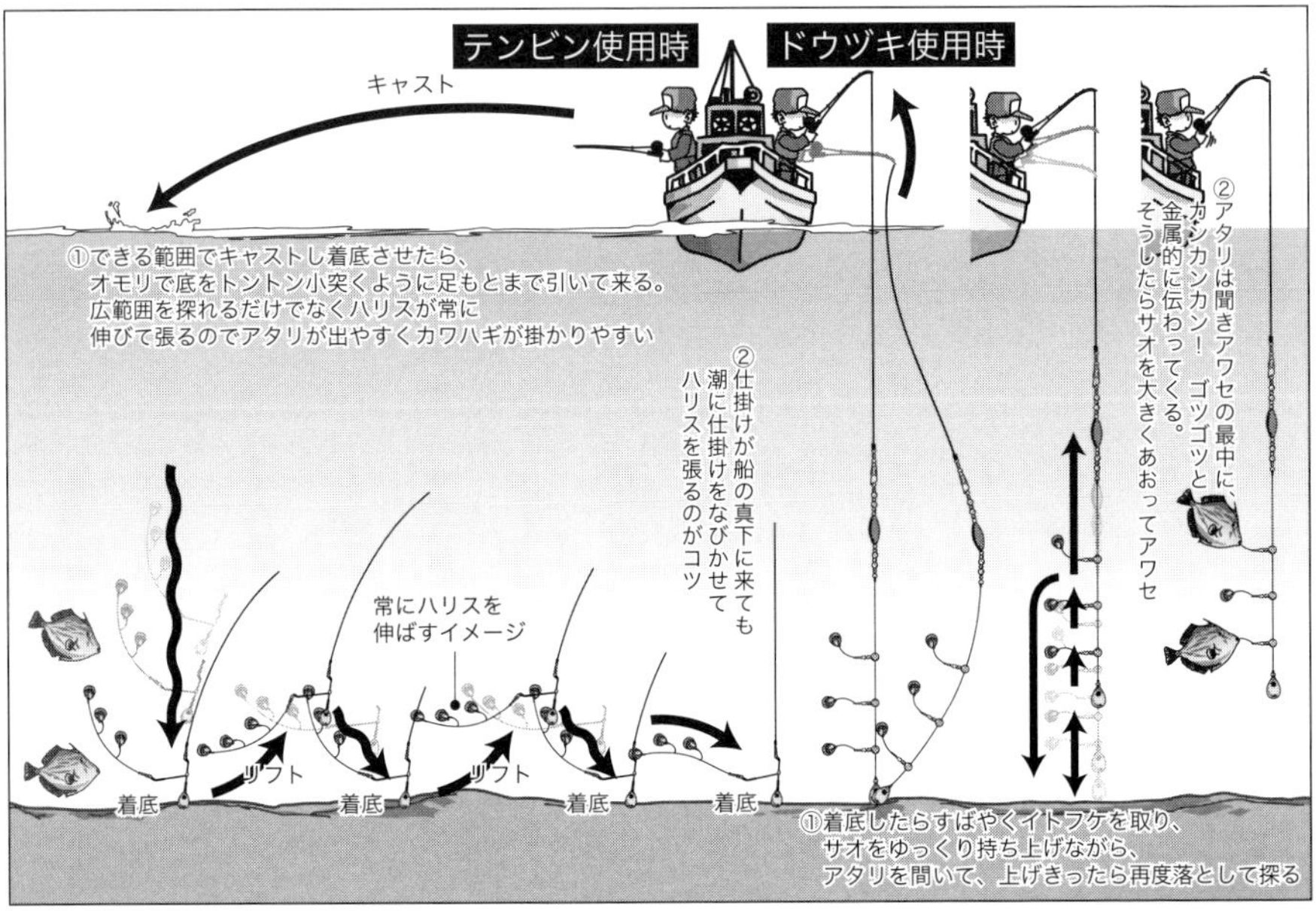
テンビン使用時
ドウヅキ使用時
キャスト
①できる範囲でキャストし着底させたら、
オモリで底をトントン小突くように足もとまで引いて来る。
広範囲を探れるだけでなくハリスが常に
伸びて張るのでアタリが出やすくカワハギが掛かりやすい
②仕掛けが船の真下に来ても
潮に仕掛けをなびかせて
ハリスを張るのがコツ
常にハリスを
伸ばすイメージ
リフト
リフト
着底
着底
着底
着底
①着底したらすばやくイトフケを取り、
サオをゆっくり持ち上げながら、
アタリを聞いて、上げきったら再度落として探る
②アタリは聞きアワセの最中に、
カシカンカン！　ゴツゴツと
金属的に伝わってくる。
そうしたらサオを大きくあおってアワセ

はない。

　アタリがまるでなくエサが取られない場合や、たまに釣れるカワハギの体色が白っぽい時は全体に釣れにくいと言われる。そんな時の釣り方としては、枝スが長めの仕掛けで大きく誘い上げては、ゆっくり落とすパターンが効くことが多い。カワハギにじっくりエサを見せてから食わせる必要があるのだ。

　エサのアサリは各自で持参するか三邦丸なら受付で購入できる。三邦丸のカワハギ専門便ならマルキユー『くわせ生アサリ』（冷凍）２パックが目安。

　アサリはまず水管にハリを掛け、次に肝の部分、最後に硬いベロに掛けてハリ先を少し出す。カワハギ専用に売られている締め剤を使ってエサを加工したり（ヌルが取れてエサ付けがしやすくなる）、集魚剤を加えて魚にアピールしやすくするのも非常に効果的だ。

　テンビン仕掛けの場合、エサのアオイソメ（三邦丸では船内で配給してく

マルキユー
生アサリ
ムキ身

アサリはまず水管にハリを掛け、次に硬いベロの部分、最後に肝に刺してハリ先を少し出す

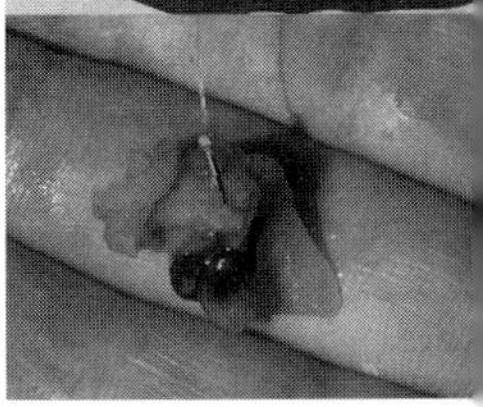

アオイソメは頭にチョン掛け。半分にカットしてもよい

テンビン仕掛けでもヒット

れる）の丸ごと1匹もしくは半分にカットしたものをハリにチョン掛けする。

船長によればテンビン仕掛けでの釣り方は、吹き流しのハリスを常に張るようにするのがコツという。「できる範囲でええから仕掛けを投げて船から離れた所に落としてな、手前までトントン底を取りながら引いてくるのがええ。キスのボート釣りみたいな感じ。足もとにきてからもオモリを上下させて仕掛けを張るイメージを忘れずに」とのこと。何回か小アタリが出た後に聞く感じでサオを持ち上げるとハリに掛かる。

入門者に優しいのはテンビン仕掛けだが、数を釣るなら圧倒的にドウヅキ仕掛けに軍配が上がる。オモリをベタ底にし、仕掛けを弛ませてはシェイク、持ち上げてはアタリを聞く積極的な釣り方などが有効だ。

期待どおりに良型がヒット。前日は33㎝の大判も

朝一番、「まずはドウヅキでやってみます」と菊池さん。集奇なしのシンプルな仕掛けで底を探る。すると2投目で反応が出た。いきなりの25㎝。なかなかの良型だが、「そんなん、ここでは普通のサイズやで（笑）」と船長。前日も33㎝という大判が上がっているのだ。菊池さんはこのポイントで3尾ゲット。その後、潮が速くなり紀淡海峡筋の友ヶ島前からポイント移動、加太港より少し南の田倉崎方面へ。水深は20ｍほどになり、ここではテンビン仕掛けも使用し、船長のアドバイスどおりにねらうとすぐにヒットした。お昼からは潮が緩み再度友ヶ島方面へ。最初のポイントより島からは離れているが水深は25～30ｍ。ふたたびドウヅキ仕掛けに戻す。ここからは上部に集奇付きの仕掛けにチェンジし調子が上がる。船全体でも良型が上がりだした。25～27㎝の肝パンがバンバン！どれも旨そうなやつばかりだ。「テンヤタチウオの多彩な誘いにも通じますね」と、カワハギの面白さを再確認した菊池さんだった。

同船のお客さんたちも
順調にヒット

夏の穏やかな日本海で
美味な魚をゲット

マダラ釣りの実践

2019年7月30日／京都宮津養老漁港出船／新幸丸（船宿詳細P117）

基本の道具立て

日本海の夏のマダラ釣りを体験するべく、菊池さんがやって来たのは京都宮津にある老舗船宿「新幸丸」。ポイントまでは港からおよそ1時間。釣り開始は朝の6時30分頃。釣り場は水深160～230mの中深海ラインだ。

タックルは、サオが手持ちの釣りもできるライト中深海用のロッド、リールがパワーのある中型電動リールという、パワフルかつライトな組み合わせ。ミチイトはPE3号を400m巻いておく。リーダーはフロロカーボンの10号。

仕掛けは全長3・6mで3本バリのドウヅキ式。目安として幹イト16号、ハリス12号40㎝、枝間は120㎝ほどだ。ハリはムツ22号、オモリは150号を使用する。エサはスルメイカとサンマの切り身。サンマは生と塩締めの2タイプを用意した。

上から落ちてくるエサに反応

釣りは海底起伏の激しいポイントを流し釣りする。オモリが着底したらすぐにイトフケを取って、まず底ダチを取る。その後はリフトしてからのスローフォールか、ステイの状態でアタリを待つが、再度、底を取り直す際は必ず5mくらいは巻き上げてから落とす。

ただ、潮が速い状況などでは巻き上げをしないで底を取り直してもよい。そのような時は、巻き上げてから落と

右／仕掛けはマダラ用の全長 3.6 mの 3 本バリ
左／エサはサンマとスルメの長めの合わせ掛けが効果的だった

マダラ釣りのタックル

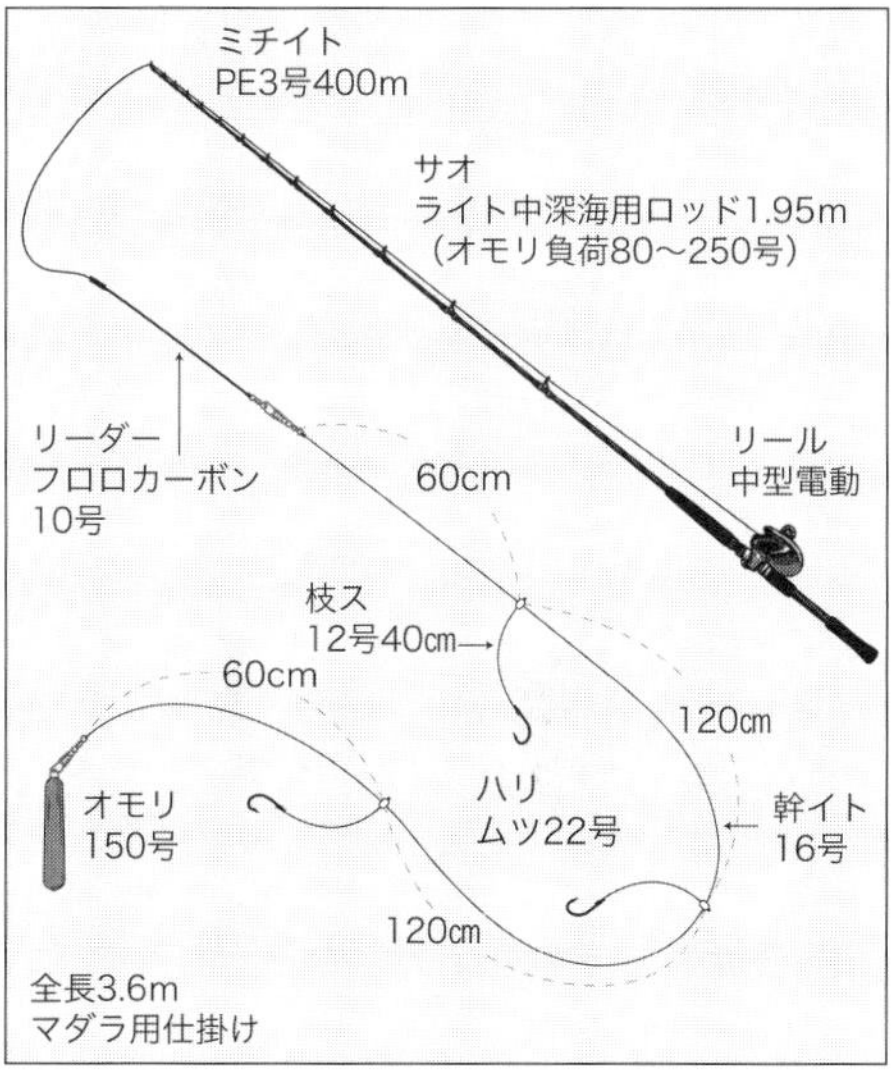

しても、ラインが斜めになるだけでねらうポイントが変わらず根掛かりを起こしてしまうためだ。

いずれにしても、タラは上から落ちてくるエサに反応する傾向が強いことは頭に入れておくとよく、エサのサンマやイカは長めに使うのが理想。基本的にはアピール力があるほうが食ってくる。そのため、状況に応じてタコベイトなどを装着するのも効果がある。

サオ先にゴンゴンとアタリがあったら聞きアワセ。強いアワセは必要ない。魚が掛かったら、あとは定速で慎重に巻き上げる。深場で水の抵抗もあるので電動リールの速度は上げすぎないこと。菊池さんが使用しているシマノ『ビーストマスター2000』ならスピード13くらいが適当だ。

アタリが渋いようならエサのサンマの切り身を長く（15㎝程度）したり、イカを抱き合わせることで身持ちがよくなり、マダラへのアピール力がアップする。

ずっしりと乗る重量感がたまらない

マダラの釣り方

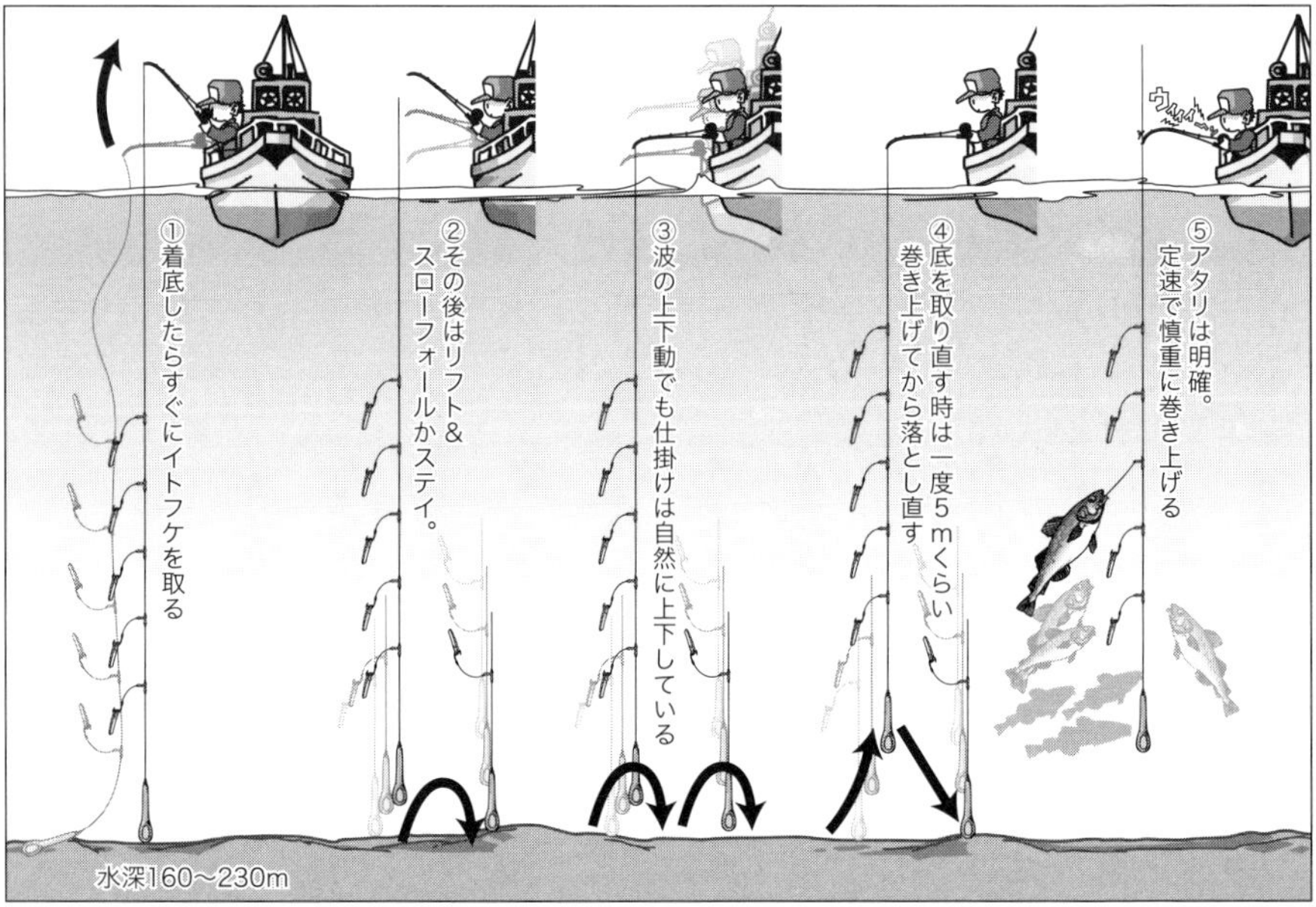

①着底したらすぐにイトフケを取る
②その後はリフト&スローフォールかステイ。
③波の上下動でも仕掛けは自然に上下している
④底を取り直す時は一度5mくらい巻き上げてから落とし直す
⑤アタリは明確。定速で慎重に巻き上げる
水深160～230m

怒涛の良型ラッシュ！釣ったマダラの味わいをぜひ

朝一番、船長からは「ボトムから5mまでを探って」と指示が入った。

最初の流しはアタリなし。しかし、ポイントに入り直して2流し目。何度か底を取り直していたところで、「ゴン、ゴン」というアタリが突然来た。慎重に魚を引き上げる。やがて海面に姿を現わした相手は4kg。しかし、船長いわく「まだ小さいくらい」らしい。するとここからアタリが連発。身持ちをよくしたエサが当たり、中でも水深220mのブレイクラインに仕掛け

この大きな口で豊富なエサを食べている

同船のメンバーもそれぞれヒットに恵まれた

を落とした瞬間、強烈な締め込みが来た。こちらは6kgクラスと4kgクラスのダブルヒットだった。

その後、160mラインに移動したあともコンスタントにアタリが続き、5kgクラスを中心に船中全員が順調に釣れて気持ちよく沖上がり。菊池さんは合計10尾、30kgくらいだったが、満足すぎる結果となった。

そしてマダラは釣りのあとが何といっても楽しい。夏は産卵を終え、活発に捕食をする時期にあたるが、ハタハタやハチメ（メバル）などをたくさん食べた身は栄養があって絶品。さらにこれから秋にかけてなら、オスの白子、メスの卵が出だして、これまた絶品となる。その頃になれば、重量もひときわアップして10kgオーバーも夢ではない。多くの深海釣りファンが口をそろえて言うように、釣ったマダラを食べると、一般に売られているタラがタラでないと感じるはず。本当に美味しいマダラを食べられるのは、まさに釣り人の特権なのだ。マダラ釣りのシーズンは7月1日～年内。ぜひチャレンジしてみていただきたい。

深海釣りの実践

2017年5月31日／和歌山富田袋港出船／代々丸（船宿詳細P122）

代々丸で菊池さんが釣ったアコウダイ（45㎝と50㎝）

基本の道具立て

5月下旬、菊池さんがやって来たのは南紀白浜の袋港。午前4時半、港には早くも深海釣りファンのお客さんが20人以上集まり身支度を始めている。なかには自前のタックルを持ち込んでいる人もいるが、ほとんどはレンタルタックル利用だ。菊池さんが乗るのは「代々丸（よよまる）」の6時間半日便。隣には僚船の8時間一日便も並んでいる。

道具は一式借りられるが、サオは深海専用ロッド、リールはPE8号が1000m近く巻いてある大型電動リール、リーダーはナイロン60号5m。その先に深海釣り用のキャラマンリングがセットされていて、さらに代々丸のオリジナル仕掛けを繋ぐ。

仕掛けは船宿オリジナルの8本バリで全長15m。ソフトフロロの幹イト30号にハリスが16号。ハリはムツバリで19号と20号の2種類あり、19号がキンメダイ、20号がアコウダイ用。オモリ

オモリは400号。仕掛けは専用の枠に収められており、経験者は枠に収めた状態でハリにエサを付け、仕掛け枠を海面に向けてそのまま投入する

深海釣りのタックル

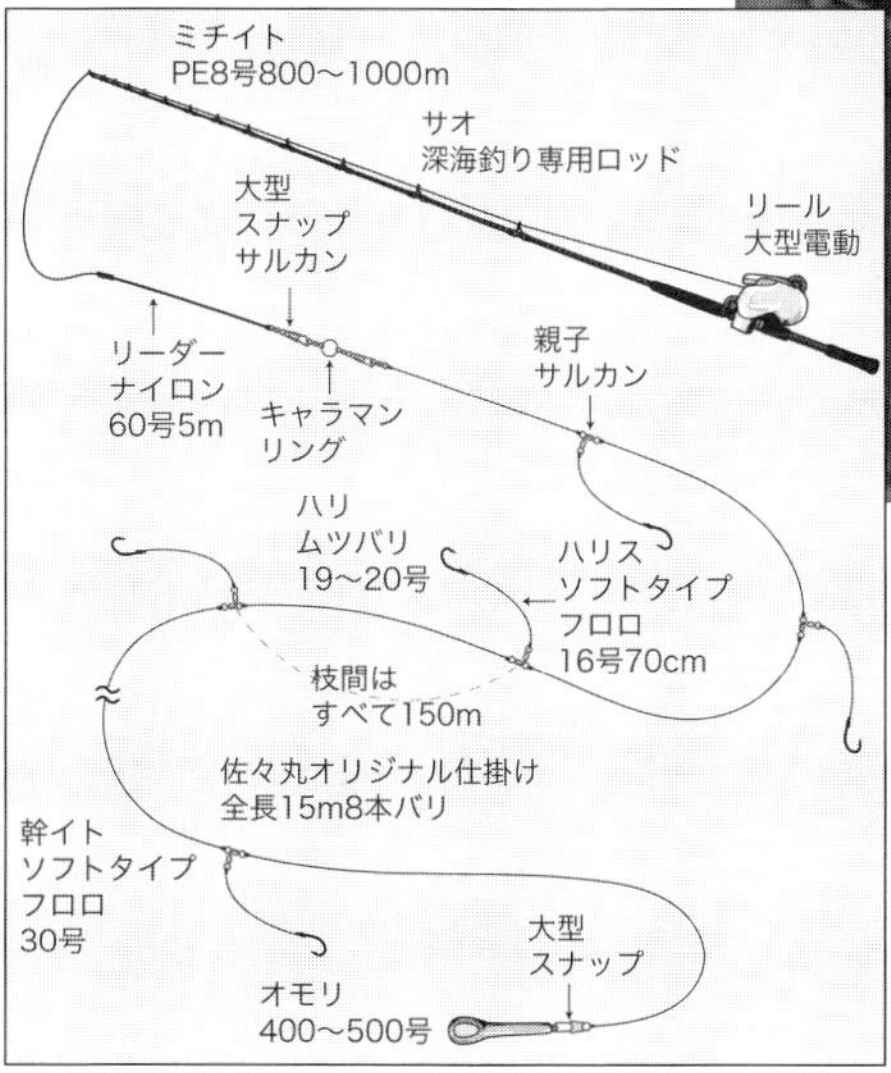

は400号だ。

仕掛けを持参するなら、全長10mまでのキンメ・ムツ用やアコウ・タラ用がおすすめ。南紀白浜沖には歯が鋭いクロシビカマスも多く、ハリだけ取られることがあるので替えのムツバリ18～20号も持っていると役に立つ。

まずは仕掛け投入を確実にこなす

船縁のロッドホルダー横にはマグネットが仕込まれたプレートが貼り付けてあり、釣りをする際はまずそこにエサを刺したハリを並べてスタンバイ。船長の投入合図を待つ。船で支給されるエサは塩で締めたサバの切り身だ。皮の硬い部分にチョン掛けするだけでよい。常連客のなかにはカツオのハラモ（腹の身）やイカの切り身、イイダコを持参する人もいる。

「まず左舷からいきます。大ドモの人から仕掛けを入れてください」と船長のアナウンス。それから少し間をおいてミヨシに向かって順次仕掛けを下ろしていき、右舷のミヨシでUターン、最後に右舷大ドモのお客さんが仕掛けを入れる。この間、船長は潮流や風向きを計算しながら、すべての仕掛けがオマツリしないように操船。これが深海釣りなのだ。

レンタルでもタックルは本格的なもの。市販仕掛けを持参してもよい

深海釣りの釣り方

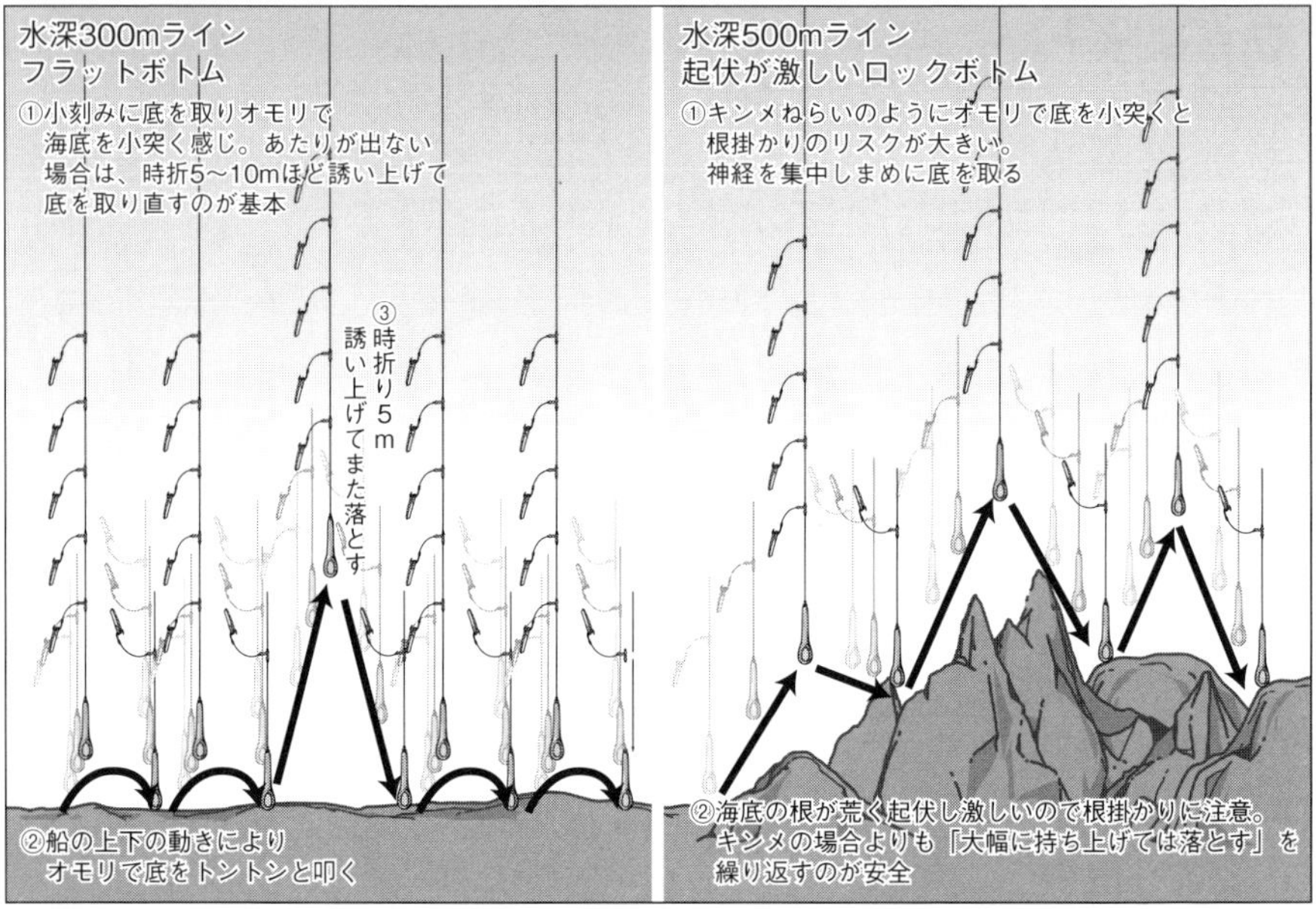
水深300mライン
フラットボトム
①小刻みに底を取りオモリで海底を小突く感じ。あたりが出ない場合は、時折5～10mほど誘い上げて底を取り直すのが基本
③時折り5m誘い上げてまた落とす
②船の上下の動きによりオモリで底をトントンと叩く
水深500mライン
起伏が激しいロックボトム
①キンメねらいのようにオモリで底を小突くと根掛かりのリスクが大きい。神経を集中しまめに底を取る
②海底の根が荒く起伏し激しいので根掛かりに注意。キンメの場合よりも「大幅に持ち上げては落とす」を繰り返すのが安全

WK2-3895
釣りは置きザオで行なう

「深海釣り最大のコツは、いかに安全かつスムーズに仕掛けを下ろせるかなんです」と船長は言う。オモリ400号をドボンと投げ入れるだけに、ものすごい勢いでエサ付きのハリが海面に向かってすっ飛んでいく。

　この時、マグネット板にハリを順序よく並べ、ハリスや幹イトがからまないように、きっちりさばいておくのは当たり前。ハリが自分の衣服に掛からないよう身を引いての投入が基本だ。年間に何回かは衣服に引っ掛けてしまう人がいるらしく、中には手や指にハリが掛かって抜けなくなり、救急車を呼ぶこともあるそうなので集中したい。

　水深500mにもなるとオモリが着底するまでに10分は充分にかかる。仕掛け回収にも10分。魚が掛かっている

エサは皮の硬い部分にハリをチョン掛けするだけでよい。マグネット板に順序よく並べて船長の投入合図を待つ

場合は20分以上かかることも。従って半日の釣りで仕掛けの上げ下ろし回数が限られるため、仕掛け投入に手間取ると釣りにならないし、他のお客さんにも迷惑をかけてしまう。

この日はキンメダイが多かった

釣れればいずれも高級魚

水深300m前後のキンメポイントの底はフラット。砂礫にところどころ岩があるが、ほとんど根掛かりはしない。オモリで底を小突きながら……といっても、へビー級タックルなのでロッドホルダーに預けたまま、ロッドのしなりと電動リールの操作で底を取りアタリを待つ。アタリがなければ数分に1回は5mほど巻き上げて、再び底を取る。これがキンメダイねらいの場合、誘いになる。

アコウダイねらいの水深500mラインでは、海底の起伏が激しい岩礁なので、キンメのようにのんびりしていられない。サオ先に神経を集中し、まめな底取りが要求される。油断すると一発で根掛かりしてしまう。上げては下ろし、下ろしては上げてアタリを待つ。これを水深500mのポイントでやるのだから大変なのだが、キンメにしてもアコウダイにしてもアタリは思ったより小さいので、底取りでの上げ下ろしがハリに掛かった魚の有無も知らせてくれる。

納竿間際、深海釣りは初めてというお客さんに特大級のアコウダイ 70㎝がヒット！

さて、この日は船長も首をかしげるほど潮の動きが悪く、この1ヵ月前に2尾のアコウダイをゲットした菊池さんもキンメオンリー。キンメダイは全体で30㎝強までが25尾、アコウダイは最後の最後に1尾出ただけだったが、これが全長70㎝の特大クラスで、船中の大歓声を浴びた。ちなみにアコウダイは身がしっかりしているので、4～5日冷蔵庫で寝かせてから食べるとコラーゲン、旨みが溶け出して非常に美味しい。文字通りディープな深海釣りに、一度は挑戦してみたい。

イカメタルの実践

2017年7月31日／福井敦賀色浜港出船／竹宝丸（船宿詳細P116）

基本の道具立て

7月下旬、菊池さんが訪れたのは、イカ釣りが盛んな若狭の遊漁船のなかでも、特にイカに特化した「竹宝丸」。出船は午後5時半。イカ釣りファンで満杯になった船は、敦賀半島の立石岬を回り1時間ほどかけて西の小浜方面まで走った。

菊池さんがイカメタルで使用するのは感度抜群のライトなショートロッドと軽量リール。ただし、ウネリの影響を受け船が大揺れする状況では長く軟らかいロッドも有効だ。また、集魚灯点灯から時間が経ち、イカのレンジが浅くなった場合はリグをキャストしてカーブフォールさせるなどスピーディーな釣りができるスピニングタックルを使用する人も増えている。スピニングリールは指先1本でローターの逆転を制御できるレバーブレーキ付きの人気が上昇中。リグの沈下を指1本でコントロールしやすいからだ。

若狭湾のイカ遊漁船では、今やお客さんの90%がイカメタルファンだ

微妙なアタリを掛け合わせる釣りに多くのアングラーがハマる

ラインはPE0・6号。ラインの先にフロロ2・5号を2ヒロ（約3m）。その先に専用のリーダーを接続し、下部のスナップにタングステンのスッテ10～20号や鉛のスッテ5～20号、上のスナップに1・75～2・5号サイズの餌木をセットする。鉛と高比重のタングステンでは、同じ号数でもボディーサイズが大きく違う。潮が速い場合や早く落としたい場合はコンパクトなタングステンのスッテ、逆にゆっくりフォールさせたい時は抵抗がある鉛のスッテと使い分けるのが基本だ。

メリハリアクションでアピールするのがキモ

若狭方面の遊漁船はパラシュートアンカーを入れて流し釣りをすることが多い。一方、同じ日本海でも島根県、あるいは太平洋側の和歌山県や三重県方面ではアンカーを入れて船を固定して釣るスタイルも多い。竹宝丸は前者だ。

イカメタルのタックル

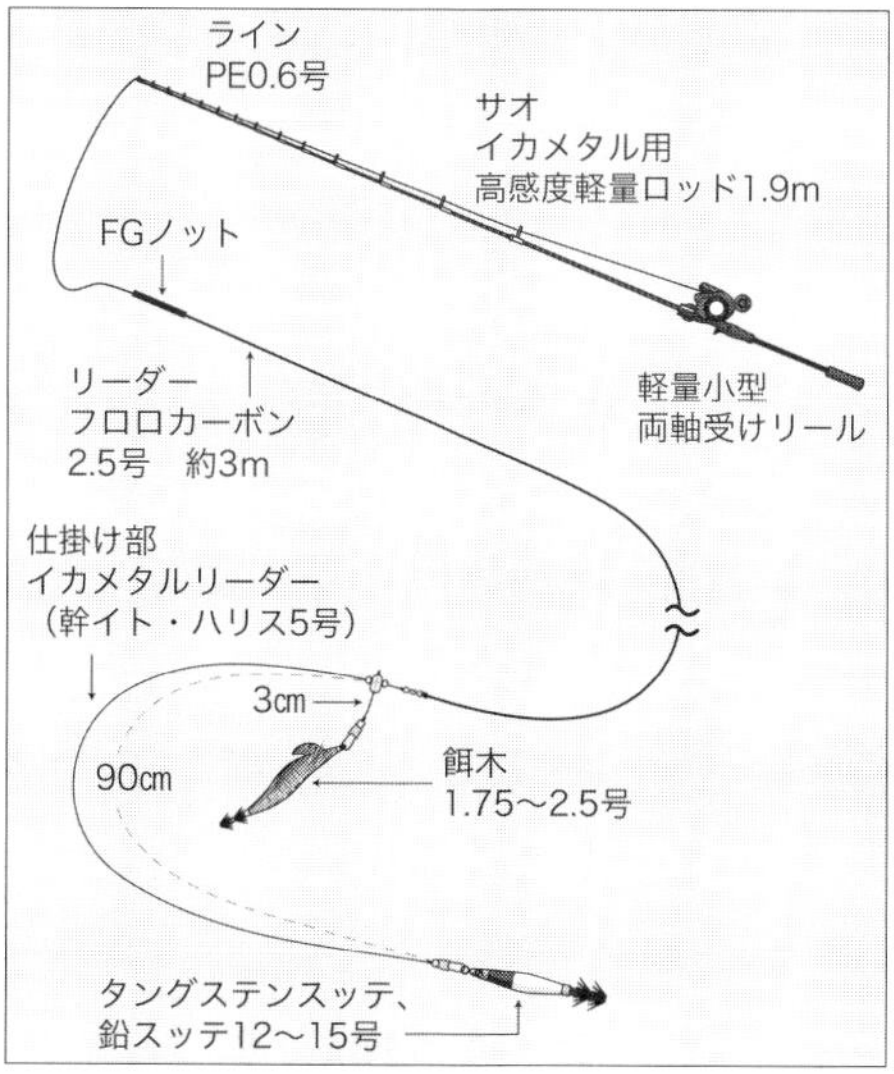

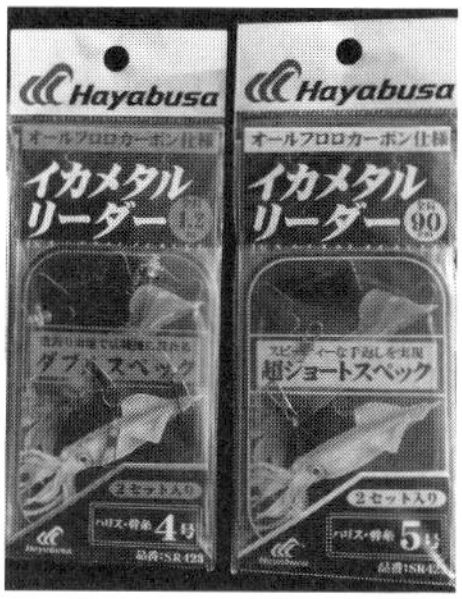

リーダーはイカメタル専用のものが便利

高感度なロッド、軽量リール、丈夫で細いPEラインがこの釣りを可能にした

左がメタルスッテで右が餌木。餌木は2.5号以下を使う

釣りは基本的に船長からのタナ指示に従う。この日も「水深は80m、60mのレンジから始めてください」というアナウンスで釣り開始。アナウンスがない場合はリグを一旦海底まで沈めてから釣り始める。基本は船長指示のタ

イカメタルの釣り方

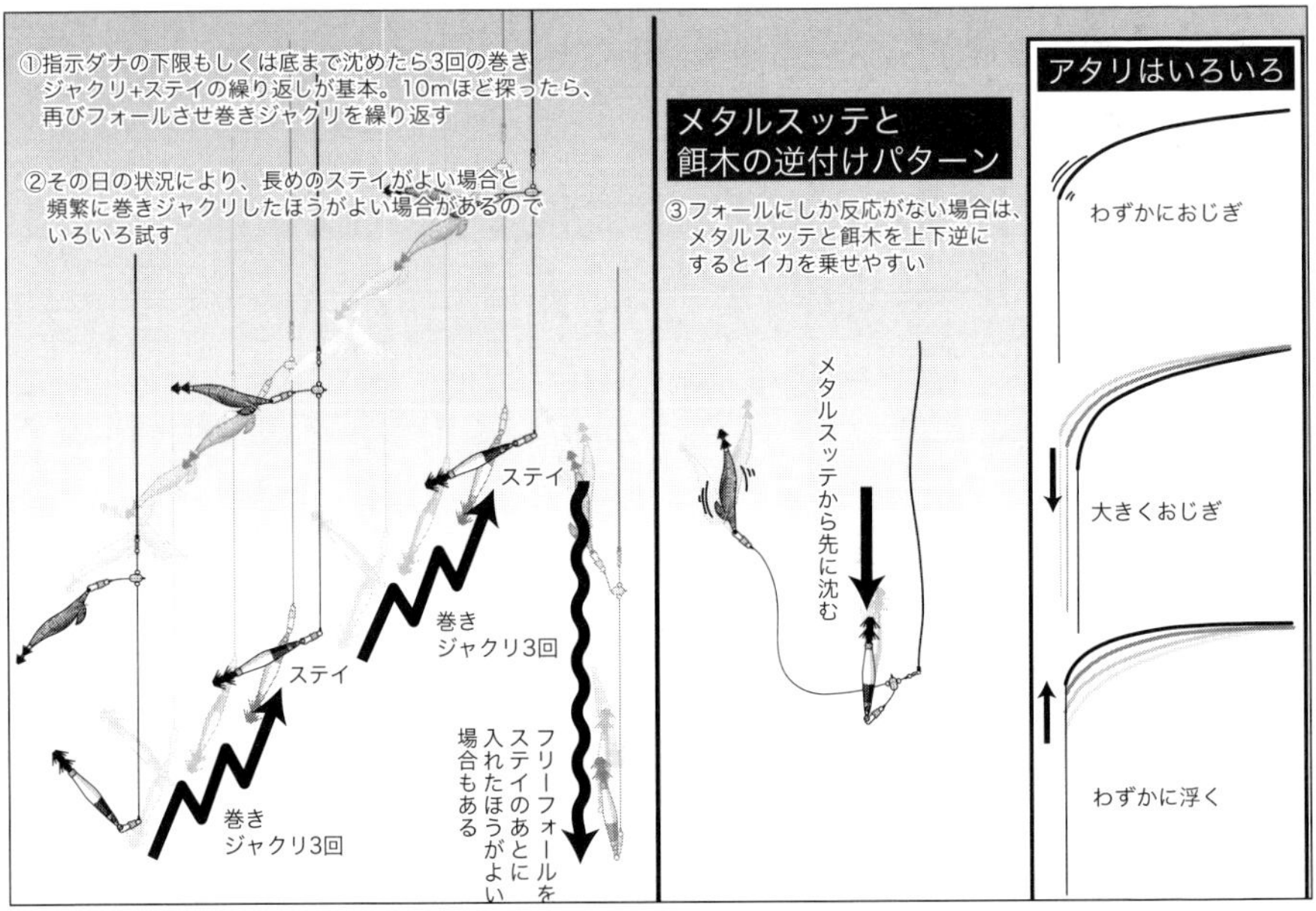

①指示ダナの下限もしくは底まで沈めたら3回の巻きジャクリ+ステイの繰り返しが基本。10mほど探ったら、再びフォールさせ巻きジャクリを繰り返す
②その日の状況により、長めのステイがよい場合と頻繁に巻きジャクリしたほうがよい場合があるのでいろいろ試す
ステイ
巻き ジャクリ3回
ステイ
巻き ジャクリ3回
フリーフォールをステイのあとに入れたほうがよい場合もある
メタルスッテと餌木の逆付けパターン
③フォールにしか反応がない場合は、メタルスッテと餌木を上下逆にするとイカを乗せやすい
メタルスッテから先に沈む
アタリはいろいろ
わずかにおじぎ
大きくおじぎ
わずかに浮く

ナの少し下まで、もしくは海底までリグを沈めたら、そこから3回の巻きジャクリ＋ステイを繰り返し、指示ダナの少し上まで誘い上げる。ただ、たとえば竹宝丸の竹腰船長は「シャクリ上げ後のフォールまででワンセットで、シャクリだけで止めるとイカに見切られやすい気がします」との意見。絶対の正解はない。いずれにしても、上まで誘ってアタリがなければリグを沈め同様の動作を繰り返す。アタリがあってもイカが乗らなかった場合は、アタリがあったレンジを直撃、そこを重点的に探る。イカがヒットした場合も同様だ。とにかくスッテや餌木の存在をイカに気付いてもらうのがこの釣りのキモである。

アタリのパターンはさまざま

　アタリはサオ先がお辞儀したり少し戻ったり、震えたり、フォール中のラインが止まったりとさまざまだが、いずれにしても即アワセ、小さく素早くが基本。疑わしきは合わせてみる。イカが乗らなかったとしても、そのアワセの動きが誘いにもなる。

　また菊池さんによれば、誘い上げる時は上の餌木、フォール中は下のメタルスッテに当たることが多い。これが2段ドロッパー式の強みだ。またフォールを意識するイカには上下逆リグが利く。上にメタルスッテ、下に餌木をセットするパターン。オモリ使用の

菊池さんも快調にヒット

「オモリグ」や中オモリ式エギングと考え方は同じだ。

初期の浅場では日が高いうちからアタリがあるが、深場では集魚灯が灯ってある程度時間が経たないとイカが集まってこずアタリは出にくい。真夏の深場で最初に釣れるのは小型から。従ってアタリも小さい。サオ先に違和感を覚えたら積極的にアワセを入れるのがよい。アクションもメリハリ付けて、ステイも長めにするのがセオリーだ。

イカが少なく活性も低い時は「ファーストタッチまでは優しくしゃくって長めにステイさせないとダメ」と菊池さん。時間が経ち集魚灯の効果が顕著になると、集まってきたイカのレンジもどんどん浅くなる。深場のポイントでも海面から10m、20mと浅いレンジでアタリが出るようになるのが、この釣りの特徴だ。

この日、ケンサキイカがヒットしたのは集魚灯が灯って約1時間、午後8時前になってからだった。その後は入れ乗りとまではいかないが、サイズも徐々によくなってきた。クライマックスは午後8時半、菊池さんの反対側、左舷ミヨシから2人目のお客さんが良型をゲット。大剣とまではいかないが、胴長35㎝くらいのナイスサイズ。そして零時前に釣り終了。菊池さんはトップの18ハイでサオ頭となった。

フォールを意識するイカには
上下逆リグが利く

REPORT

紀東でねらえる厳寒期のイカ3種

2019年2月7日／三重錦港出船／愛海丸（船宿詳細P118）

菊池さんと萩原さんが
まずはケンサキ

関西でヤリイカが釣れる

ヤリイカは一般的に関西ではなじみの薄いイカだ。古くから冬場に若狭～丹後方面のオカッパリでねらうスタイルは存在したものの、遊漁船のターゲットとしては確立していない。ただ、関東では深場を日中にねらう釣りが人気である。そんな中、ねらってヤリイカが釣れるのが三重県南部の太平洋岸、いわゆる紀東エリアだ。

紀勢自動車道の紀勢大内山ICから、整備された広い県道を下って15分ほど。数年前からここ錦地区で、冬場のイカメタルゲームでヤリイカが釣れることが知られるようになった。シーズンは1月末から3月中旬。胴長20㎝ほどの小型から、パラソルといわれる大型まで、サイズはバラバラながら多い時は一船で300杯という釣果も上がるというから驚き。これをメタルスッテで、1杯ずつ釣りあげるのだからたまらない。

菊池さんが期待を胸に2人の釣り仲間と「愛海丸」を訪れたのは2月上旬。他にもお客さんが3人。船は午後5時に港を出た。

まずは ケンサキ&スルメ

ただ、この時は例年に比べて海の水温低下が極度に遅れていた。というよりも、紀東沖に黒潮が接岸し、海水温が異常に高い状態だった。船長からはあらかじめ、「その影響でヤリイカの乗りはイマイチ。ケンサキイカ、スルメイカまじりでよいのなら」とのこと。

船は錦港を出てまっすぐ沖へ。水深50～55m、フラットな海底のポイントにアンカーを落とした。水温18℃。例年の同時期より3℃は高い。「ヤリイカがよく釣れるようになるのは15℃ですから、今日も厳しいなあ」と船長。また南東の風が強く思いのほかウネリがあり、ベタナギをよしとするイカメタルにはつらい条件だ。

この日のお客さんは６人

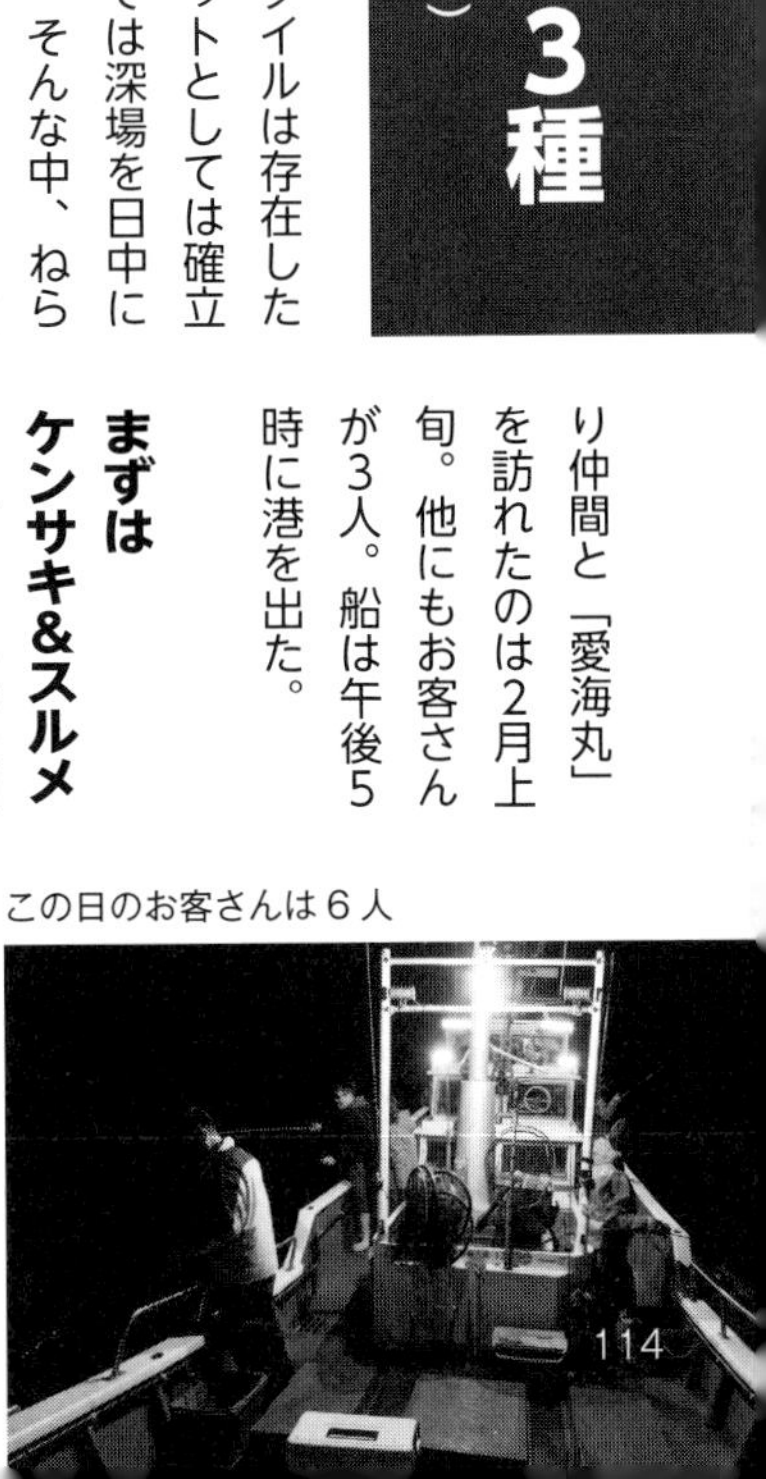

最も多く釣れたのは
スルメイカ

「今夜はメンバー3人で3種のイカを揃えましょう！」という菊池さんの号令のもと、下部にタングステン製のメタルスッテ15号、上部にドロッパーの餌木を付けたリグを海底まで下ろす。西から東に向かう真潮がかなり速い。ウネリによる船の上下動も大きい。小さなアタリが分かりにくい……。

　それでもファーストヒットは菊池さん。午後6時20分頃、ボトムを取り直し、2回目のシャクリ&ポーズでティップがスッと戻るアタリで小型のケンサキを手にした。続いて同行の萩原香さんに同サイズ。船の揺れでリグが安定しないので、下部のメタルスッテはナマリの20号に替えていたという。その直後に他のお客さんのロッドが激しく締め込まれる。これは良型のスルメイカ。その後、菊池さん、萩原さんがケンサキを追加。もう一人の釣り仲間の橋本翔大さんはスルメイカを連発させる。菊池さんにもスルメがヒットし、これで2種キープだが肝心のヤリイカが掛からない。

ヤリイカはボトム付近デッドスローフォールで

「ヤリイカはボトムから離したらだめなので、海底から5m上までを重点的に探っているのですが、まったくアタリが出ません」と菊池さん。ヤリイカの場合は、ケンサキのようにシェイクする縦の激しいアクションはよくない。スローな横の動きに反応するということで、スッテと餌木の上下逆付けも試してみる。

　風は北西に変わったが、予想外の強風で船の揺れは収まらない。しかし、午後9時前になって他のお客さんがついに小型だがヤリイカをゲットした。その直後、ケンサキをヒットさせた菊池さんが海面までリグを引き上げてくると、ケンサキが掛かったリグに大型のヤリイカがチェイスしてくる。ピックアップ寸前にスッテを抱いたが、掛かりが浅かったのかバレてしまった。残念！　海面までチェイスしてくることが多いのも、ヤリイカの特徴だという。

　そしてついに、橋本さんがボトムスレスレでフォールを意識した釣り方で、胴長40㎝近いヤリイカをゲット！　メンバー3人でイカ3種のミッションを果たした。するとここで、船長が萩原さんのロッドを借り、なんとすぐにヤリイカを釣りあげてみせた。「海底からゆっくり持ち上げて、サオ先で付いていきながらデッドスローでのテンションフォールが鉄板です」との教えに、目から鱗が落ちたメンバー3人なのだった。

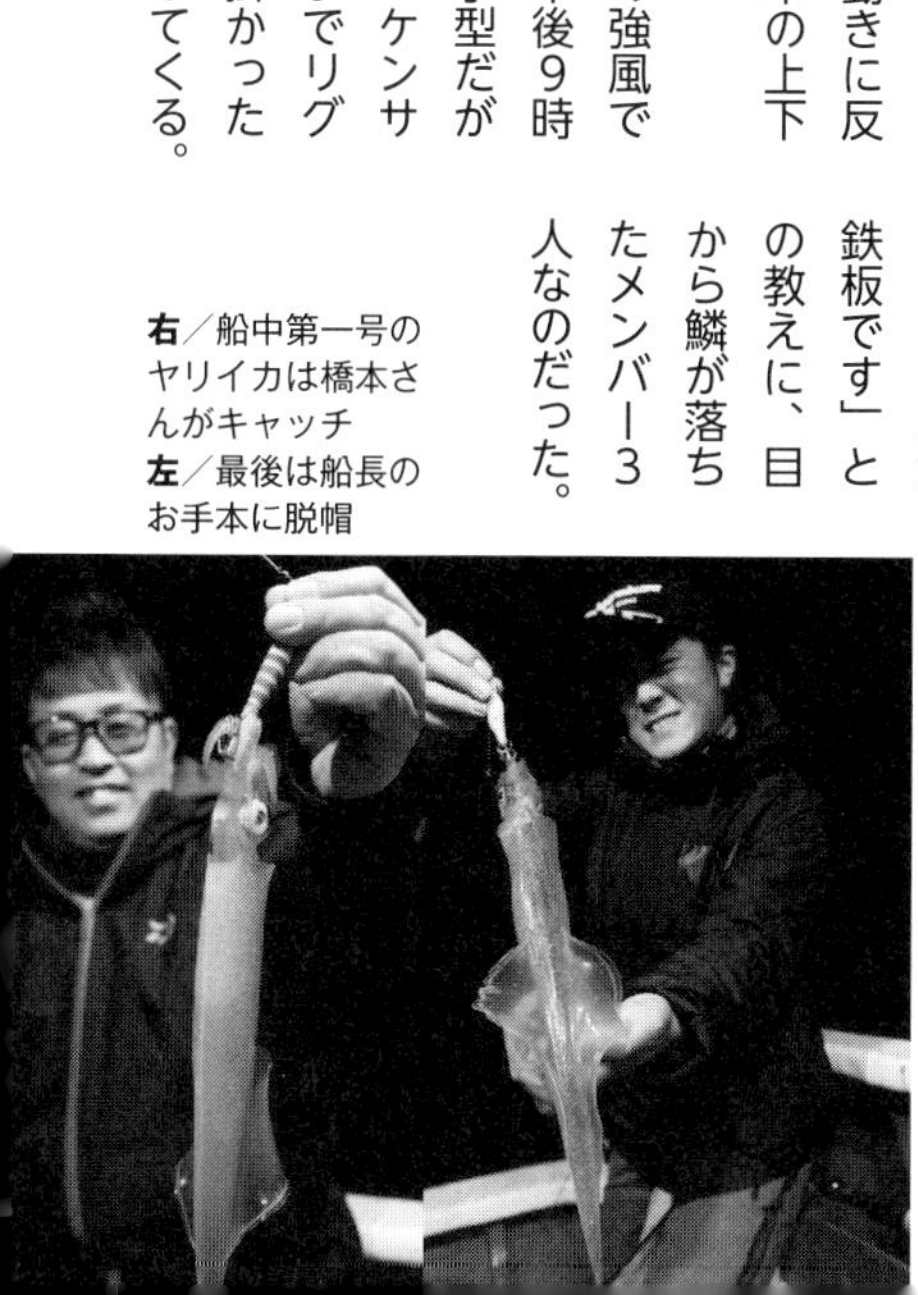

右／船中第一号のヤリイカは橋本さんがキャッチ
左／最後は船長のお手本に脱帽

ここから始まる

船宿ガイド19

※本誌に登場した19の船宿をエリアごとに紹介。料金や乗船場などが変更される場合もありますので、お出かけの際は各船宿に事前にお問い合わせください。顔写真は取材時の船長です。

①若狭湾（福井）／イカメタル
敦賀色浜港「竹宝丸」

福井県敦賀市色浜31-23
☎0770・26・1036　http://www1.rcn.ne.jp/~chikuhou/

まだ若いが船頭経験20年というベテラン、にこやかで穏和な竹腰優一船長が操る竹宝丸は、イカメタル、タルイカ釣りなど一年をとおしてイカ釣りメインで出船している。イカメタルの半夜ロング便の乗合料金は1万2500円（氷付き）。出船は17時30分～24時だが要確認。

交通●北陸自動車道・敦賀IC、舞鶴若狭自動車道・若狭美浜ICから一般道へ。県道33号を経由し敦賀半島の東海岸を北上、県道141号を通って色浜へ

②若狭湾（京都）／タイラバ
丹後舞鶴「Tops Japan」

京都府舞鶴市松陰16
☎090・9048・9107（8～20時）　http://tops-japan.com/

森宗貴船長が操るTops Japanは水深100m前後のディープタイラバとイカメタルをメインにガイドする66ftの大型遊漁船。定員12人でゆったり釣りができる。出船前には船長が釣り方のコツなどをアドバイス。タイラバの乗合料金は氷付きで1万4000円。基本的に7時出船、17時帰港の10時間だが前日に確認のこと。

交通●舞鶴若狭自動車道の西舞鶴ICで降りR27を北上。R175の大手交差点で左折、小さい川を渡ってすぐの「佐古田電機」の看板を目印に右折。舞鶴西ICから約7km、15分

③若狭湾（京都）／マダラ

宮津養老漁港「新幸丸」

京都府宮津市大島 521（船宿）　京都府宮津市大島 11 － 5（集合場所）

☎ 0772・28・0160（9 ～ 20 時）　http://shinkohmaru.net/index.html

日本海最大級を謳う平成 27 年 3 月就航の新艇で快適な船釣りを提供する新幸丸。船は前方に男性専用、船体後方に男女別トイレがあり、エアコン、ポット、サオ受けなども完備。マダラ乗合船は平日 1 万 5000 円、土日祝日 1 万 6000 円。出船時間などは要問い合わせ。仕掛けの販売、貸しザオ（有料事前予約）、弁当（有料事前予約）あり。

交通●京都縦貫道・与謝天橋立 IC から R176 号を右折、途中 R178 に入り伊根方面に約 25 分、出光スタンドを右折し養老漁港向かいに新幸丸駐車場

④若狭湾（京都）／タイラバ

伊根港「珀宝丸」

京都府与謝郡伊根町字平田 507

☎ 090・1443・2279　http://hakuhoumaru.com/

定置網、養殖漁師を経て遊漁船を開業し丸 4 年。伊根生まれ伊根育ちで海が遊び場の 35 歳、珀宝丸の長濱信吾船長は現在もエギングにライトゲームと大の釣り好きで和歌山方面の遊漁船にも積極的に釣行を繰り返す。タイラバの乗合料金は 1 人 1 万 3000 円（8 時間）。レンタルタックルあり。

交通●京都縦貫道（宮津与謝道路）の与謝天橋立 IC で降り、R176 で伊根まで約 30 分。車は七面山駐車場を利用（帰港後に無料券配布）

⑤山陰（鳥取）／落とし込み

酒津漁港「第二清洋丸」

鳥取県鳥取市気高町浜村 783-183

☎ 090・3375・4191、0857・82・0465　http://umitsuri-daisuki.com/

中垣進船長が操る第二清洋丸は定員 6 人の中型船。5 ～ 6 人でチャーターすれば乗合より割安。鳥取界隈の海、瀬、魚礁を知り尽くす船長は好奇心も旺盛で新しい釣りの開拓に熱心。船は定員 6 人。ヒラメ、アコウねらいの活エサ釣り料金は乗合で 1 人 1 万 4000 円、チャーターは 5 人まで 7 万円、1 人増し 1 万 3000 円。

交通●鳥取自動車道・鳥取 IC で降り R29 を北上。南隈交差点を左折し R9（鳥取バイパス）を西へ。小沢見信号を過ぎて数百m先にある脇道を左に入り酒津漁港へ

⑥紀東（三重）／イカメタル

錦港「愛海丸」

三重県度会郡大紀町錦 錦活魚センター左奥
☎ 090・8865・3098（6 ～ 22 時）　http://aimimaru.com/

「状況がよくないときは、無理に乗船をおすすめしません」という愛海丸の中世古正純船長はお客さん第一！ 4月はタイラバ、10 ～ 11 月はティプランエギング、バチコンのアジ。イカメタル半夜便の乗合料金は 1 人 1 万円。17 時出船、23 時帰港。

交通●紀勢自動車道・紀勢大内山インターで降り信号を右折。錦まで県道 68 号の 1 本道。新奥川橋南東詰の信号で脇道に入り大明神大橋を渡ってすぐ左手、錦活魚センター左奥が乗り場

⑦西播（兵庫）／シロギス

姫路港「釣り船 知々丸」

兵庫県姫路市飾磨区須加 244（出船場所）姫路市家島町坊勢 701-151
☎ 090・8827・3709　http://chi-chi-maru.com/

空手が趣味でもとても温和な上谷正仁船長は、家島諸島の坊勢島出身。船は屋根付きで日差しが強い日、雨模様でも快適。家島周辺への乗合料金は、大人男性 6500 円、女性 5500 円、高校生 5500 円、中学生以下 4000 円。エサは各自で持参。キスのほかにも四季の釣りものを案内している。

交通●姫路バイパス市川ランプから南下、国道 250 号で右折し宮堀橋の信号を左折。乗り場手前に駐車場。山陽電車の飾磨駅から徒歩 15 分

⑧東播（兵庫）／メバル、船タコエギング

東二見港「つりぶね近藤丸」

兵庫県明石市二見町東二見 2011
☎ 090・9628・5100　http://kondoumaru.com/

先代の親父さんからバトンタッチしてまだ 2 年だが、元々釣り好きでプレジャーボート歴は長く腕は確かな近藤真史船長。近藤丸は定員 23 人の中型船なので小回りが利き、釣り荒れが少ないピンスポットを丁寧に探らせてくれる。乗合料金は 7500 円、氷付き（メバル、マダコ共通）。メバルでエサを使用する場合はシラサエビ、冷凍イカナゴ無料。サビキメインの場合でも各自エサの持ち込み自由。マダコはエサ釣りをする場合、貸しテンヤあり。

交通●第二神明道路の大久保 IC もしくは明石西 IC から南下、県道 718 号（旧浜国道）の二見農協前信号のひとつ東の信号を海側へ。人工島に架かる橋の手前、信号左側の船だまりが乗り場。電車の場合は山陽電鉄の東二見駅下車

⑨東播（兵庫）／船テンヤタチウオ

明石浦漁港「丸松乗合船」

兵庫県明石市岬町 22-4　☎ 090・6981・4620（20 時まで）
http://tsuribunenomarumatsu.blog.fc2.com/

昭和 56 年創業、現在は 2 代目の松本正勝船長、3 代目の松本勝誠船長の 2 人でタチウオをはじめ、さまざまな釣りに案内。写真は船頭歴 18 年で腕も確かな 3 代目、勝誠船長。神戸沖のタチウオ船の乗合料金はエサ付きで 7500 円。洲本沖方面、さらに南下する場合は燃料チャージとして追加料金が必要。

交通●第二神明道路の大蔵谷 IC もしくは玉津 IC で降りて南下、国道 2 号方面へ。大観小学校東の交差点で海側に進み樽屋町交差点も直進、明石浦漁港へ

⑩大阪湾（兵庫）／メバル

西宮今津港「釣人家（つりびとや）」

兵庫県西宮市今津西浜町 2-16
☎ 090・8794・1091　http://www.tsuribitoya.com/

メバル船を操るのはまだ 30 代になったばかりと若いが信頼度は抜群の藤原ハルト船長。メバル半夜便の乗合料金は 1 人 4900 円。出船時間は 12 ～ 2 月が 16 ～ 22 時、3 ～ 4 月が 17 ～ 22 時。阪神甲子園球場からも近い今津港のパワーボートセンター 1 F に店舗兼ゆっくりくつろげる待合所がある。エサ、仕掛け類も販売。レンタルタックルもある。

交通●大阪方面からは阪神高速神戸線の武庫川 IC から R43 を西進、神戸方面からは同・西宮 IC から R43 を東進。名神高速の西宮 IC 下の交差点を南へ

⑪大阪湾（大阪）／船テンヤタチウオ

泉佐野「釣船 上丸（かみまる）」

大阪府泉佐野市住吉町（食品コンビナート内）
☎ 090・8383・6633（8 ～ 20 時）　http://www.kamimaru.jp/

大阪湾の激流大型タチウオねらいならお任せ！菊池さんも頭が上がらない強面（だけど優しい）師匠である大船長・村上利行さんと、いつも楽しく賑やかな佳世船長が舵を握る。船は 25 mの大型で非常に快適。乗合料金は 1 人 1 万円（エサ・氷付き）。

交通●阪神高速湾岸線・泉佐野北 IC を降りてすぐの信号を右折。突き当たりを左折し「おさかなはうす」横を港側に入る。または南海電鉄・井原里駅下車、港まで徒歩 15 分

⑫大阪湾（大阪）／鬼アジ、船テンヤタチウオ

泉佐野「漁幸丸」

大阪府泉佐野市住吉町（食品コンビナート内）
☎ 072・461・2633、090・3671・1540　http://minnaga.com/ryoukoumaru/

ファンキーなヘアスタイルが特徴！？の熊取谷芳一船長が操船する漁幸丸は、泉佐野の食品コンビナート岸壁から出船。秋からはタチウオ、アオリイカねらいなどにも案内する。鬼アジの乗合料金（半日）はエサ・氷付きで男性 7000 円、女性、高校生以下 5000 円。仕掛け販売、レンタルタックルあり。出船時間は要確認。

●交通：大阪方面からは阪神高速 4 号湾岸線の泉佐野北で降り、すぐの住吉町交差点で右折。突き当たりを左折し次の信号を右折。200 mほど走り右側の護岸内へ。乗り場前一帯に無料で駐車可

⑬大阪湾（大阪）／タイラバ

淡輪漁港「白墨丸」

大阪府泉南郡岬町淡輪 4239
☎ 090・9871・1091　https://shirosumimaru.com/

エコギアプロスタッフも務める秋山智一さんは、釣り人マインドを持ったタイラバとティップランエギングに情熱を傾ける熱くて楽しい船長。乗合料金は午前便の場合、男性 1 万 1000 円、女性 9000 円、小学生以下 8000 円。車 1 台につき淡輪漁協へ清掃協力金（駐車料）500 円が必要。

交通●大阪方面からは阪神高速湾岸線の泉佐野南 IC から府道 63 号、同 752 号を経由して岬町方面へ。淡輪中の交差点を右折し一つ目の信号を右折。ヨットハーバーのロータリーを左折して淡輪漁港へ

⑭大阪湾（大阪）／船テンヤタチウオ

谷川港「春日丸」

大阪府泉南郡岬町谷川港　☎ 090・1023・1902（9 ～ 20 時）
https://ameblo.jp/sensyu-kasugamaru/

3 隻態勢でテンヤタチウオや大阪湾南部の釣りに案内する春日丸代表の古荘和司船長。初心者、家族連れからベテランまで気兼ねなく快適に釣りができるアットホームで清潔感あふれる遊漁船の環境作りが身上だ。乗合料金は 1 人 7000 円（エサ 1 パック・氷 1 袋付き）。

交通●第二阪和国道の深日 IC で降り信号を左折。深日港を経て谷川港方面へ。南海本線みさき公園駅までの無料送迎あり

⑮紀北（和歌山）／船テンヤタチウオ、カワハギ
加太港「三邦丸」

和歌山県和歌山市加太 1268
☎ 050・3532・9619　http://www.sanpomaru.com/

三邦丸は「Sanpo-Verde」を始め、「あかさんぽう」「あおさんぽう」「しろさんぽう」の 4 隻態勢で案内。写真は釣り好きが高じて脱サラ、船長歴 2 年の曽我部基さん。柔和でオモロイおっちゃん。腕前には定評があり！タチウオ午前便の乗合料金は 6000 円。エサのイワシワンパック付き。カワハギ専門便（10:00 ～ 17:00）の乗合料金は 6600 円。エサのアオイソメ、氷付き。

交通●京阪神方面からは阪和道を利用。泉南 IC で降りて右折し直進。幡代北交差点を左折し第二阪和国道を和歌山方面へ。深日ランプで降りて左折、国道 26 号の深日中央交差点から加太方面へ 12km

⑯中紀（和歌山）／イサギ
比井漁港「第十二岬丸」

和歌山県日高郡日高町比井 673
☎ 0738・64・2975　http://www.mjnet.ne.jp/misaki/boat.htm

冨田紀章船長が操る「第十二岬丸」は全長 20 m で定員 26 人の大型船。冷暖房完備のキャビンには電子レンジ、湯沸かし、テレビ付きで快適。仮眠所は岬旅館のすぐ手前にあり、昨年の台風で被害を受けた旧仮眠所よりも広くトイレの利用も 24 時間 OK。電子レンジがあり、コーヒー、お茶も自由に飲める。乗合料金は 1 人 1 万 2000 円（エサ・氷付き）。

交通●京阪神方面からは阪和道、湯浅御坊道路を利用。川辺 IC で降り R42 方面へ。紀伊内原駅前の交差点を西へ約 10 分

⑰中紀（和歌山）／落とし込み
南部堺漁港「純栄丸」

和歌山県日高郡みなべ町堺 670-11　☎ 0739・72・5353、090・3033・3549
https://minnaga.com/junei-maru/

南部沖の海を知り尽くした純栄丸は先代から引き継いだ湯川佳基船長が舵を取って 16 年目。自らも釣り好きで大阪湾や日本海方面の遊漁船にも勉強を兼ねて釣行を重ねる。磯のメジナ釣りも大好き。落とし込みの乗合料金は 1 人 1 万 3000 円（氷付き）。港からすぐに無料仮眠所がある。

交通●阪和自動車道・みなべ IC を下りて信号を左折。R42 を左折し田辺、串本方面へ。堺漁港まで深夜早朝なら数分。JR きのくに線の南部駅までの送迎あり

⑱南紀（和歌山）／タイラバ
田辺内ノ浦港「サウスカレント」

和歌山県田辺市新庄町内ノ浦港　☎090・2707・0004（10：00～21：00）
http://south-current.com/

南紀一帯のタイラバはまだ開拓途上。何十尾というような釣果は今のところ出ていないが「マダイは大型で数もけっこう多いと思います。チャレンジ精神あふれる方のお越しをお待ちしています！」と山本順也キャプテン。タイラバ乗合料金は6時間で1万3000円。午前・午後の2便制。氷は無料サービス。出船時間は予約時に確認のこと。

交通●京阪神方面からは阪和自動車道を利用。南紀田辺ICもしくは上富田ICで降り白浜方面へ。海鮮問屋丸長田辺店を目印に右折

⑲南紀（和歌山）／深海釣り
富田袋港「代々丸」

和歌山県西牟婁郡白浜町富田浦袋港　☎090・3168・1739
http://www.tsurisoku.com/yoyomaru/

代々丸船長の濱本浩二さんは菊池さんも頼りにする深海釣りの案内役。船上ではジョーク連発、ツッコミまくりの楽しい人。深海釣りの乗合料金は半日便（6時間）1万5000円（エサ・氷付き）。女性は2000円引き。タックルレンタル料3000円、仕掛け1000円。根掛かり等でオモリを紛失した場合は実費1500円が必要。出船時間は要確認。

交通●紀勢自動車道・南紀白浜ICを出てR42を左折。釣太郎・白浜店を過ぎ約100m先を右折し小さな橋を渡って道なりに進めば袋港

船釣り基本用語集

【上げ潮】干潮から満潮に向かう潮。

【アタリ】魚がエサを食べた感触。サオ先の変化やサオを持つ手に伝わる感触で判別する。

【一荷（いっか）】2尾の魚がまとめて釣れること。「連」「ダブル」。

【イトフケ】イトの余分なたるみ。ラインスラック。

【右舷】前を向いて船の右側。

【ウネリ】規則的で丸みを帯びた波。

【餌木（えぎ）】イカやマダコ釣りで使用する和製ルアー。日本に昔からある漁具がルーツ。

【エサ取り】ねらっている本命の魚以外でエサを食べていく他魚。

【枝ス】仕掛けの中で幹イトから横に出ている部分。枝ハリス。複数ある場合も多い。

【追い食い・追い乗り】1尾が掛かったあと、他のハリにも他の魚が掛かること。

【沖上がり】海上での釣り終了もしくはその時刻。港に帰る分の時間は含まない。

【オデコ】釣果なしのこと。ボウズ。

【オマツリ】他の人と仕掛けやミチイトが絡むこと。自分の仕掛けだけが絡んでしまった場合は「手前マツリ」という。

【空アワセ】アタリを感じていなかったり、アタリか確信が持てない場合でも試しに合わせてみること。

【聞きアワセ】魚がハリに掛かっているかの確認を兼ね、ゆっくりとサオ先を上げるなどしてアタリを確認すること。

【キモパン】カワハギのキモが大きく育っている状態。キモがパンパンの略。

【魚探】魚群探知機。最近は船に搭載されている親機と通信することで、釣り人が手もとで情報を確認できるポータブルタイプも普及している。

【外道】ねらっていない魚。本命以外の魚。他魚、ゲストなどともいう。

【コマセ】イワシのミンチやアミなどの寄せエサ。船釣りではビシと呼ばれるケースに入れて使うことが多い。本書では「寄せエサ」と表記している。

【下げ潮】満潮から干潮に向かう潮。

【左舷】前を向いて船の左側。

【サミング】リールから放出されるラインの勢いを弱めるため、スプールに親指を添えてコントロールすること。

【潮氷（しおごおり）】氷と海水をまぜたもの。温度が下がりやすく魚を素早く冷やすことができる。

【潮先（しおさき）】船の中でポイントに対して先に入る側。潮上。

【潮下（しおしも）】潮先の逆。船の中でポイントに対して最後に入る側。

【潮止まり】上げ潮と下げ潮の切り替わり時に潮流が止まった状態になること。基本的に満潮または干潮のタイミングと重なる。

【指示ダナ】釣り始めに船長が指示する、魚が釣れる可能性が高いタナ

（層）。一人だけ違うタナを釣っていると魚を散らしてしまう可能性もあるため、基本的には指示されたタナに従って釣りをする。

【シャクリ】 仕掛けやルアーを動かすために、ロッドをあおるようにして動かすこと。

【捨てイト】 仕掛け下部のオモリと接続する細めのイト。根掛かりした時にここから切れるようにする。

【底ダチ】 一度海底まで仕掛けを沈めてから、余分なイトフケを取り仕掛けを立てること。「底ダチをとる」という。

【高切れ】 ミチイトなど仕掛けの上部でイトが切れてしまうこと。ロスする部分が多いので避けたいトラブル。

【タタキ】 主にカワハギ釣りで、オモリを着底させた状態で激しくサオ先を叩くように動かし、エサを強く揺すってカワハギにアピールする方法。

【タダ巻き】 サオではアクションを付けず、意識的にリールを巻く操作だけで餌木やルアーを動かすこと。

【タナ取り】 船長の指示ダナに仕掛けが入るようにする一連の動作。

【タラシ】 エサのうちハリから垂らす部分。またはその長さ。

【血抜き】 釣った魚の血を抜いて臭みを防ぎ鮮度を保つこと。

【チョン掛け】 エサ付けの方法の1つ。エサの端に横からハリ先を引っかけるだけの簡単な方法

【付けエサ】 寄せエサを使う時に、魚を掛けるためのハリに付けるエサ。食わせエサ、サシエともいう。

【手返し】 エサ付けから魚の取り込みまで釣りをする際の一連の反復動作。上手な人ほどトラブルが少なく手返しが早い。

【テンヤ】 オモリと大きな掛けバリが一体になったアイテム。釣りものによっていろいろな種類があり、タチウオのテンヤ釣り用、マダイの一つテンヤ釣り用、イカ釣りやタコ釣りで用いられるものなどがある。

【ドウヅキ仕掛け（胴突き仕掛け）】 一番下にオモリがありその上部に仕掛けがある状態の仕掛け。トントンと海底を小突くような動きができるもの。

【胴の間】 船の中間部。ミヨシやトモに比べると潮先になる機会は少ないが、波があっても揺れにくく、ビギナーであれば船長のアドバイスも受けやすい。

【ドテラ流し】 船の側面に風を受けながら船を流す方法。「横流し」ともいう。

【トモ】 船の後方。艫。中でも一番後ろの釣り座を強調して「大ドモ」という。

【トモ流し】 舳先を風上に向けトモ側から船をポイントの上に流して行くこと。

【ドラグ】 大きな魚が掛かった時に、魚へのプレッシャーは与えつつ、完全にリールがロックしてイトが切れてしまわないよう、リールに一定以上の負荷が掛かるとスプールが少しずつ逆転してラインが出て行くようにする機構。想定される対象魚に合わせて事前に強さを調整しておく。たとえば５００ｇのオモリ（ペットボトルなど）を下げて軽くゆすった時にジジリとイトが出る状態にすれば、簡易的にドラグを５００ｇに調整できる。

【中オモリ】 仕掛けの途中に入れるオモリ。仕掛けの動きをよくするなどの役割がある。

【流し】 魚がいそうなポイントの上に船長が船を流すこと。ポイントを通過し終えるとお客さんに仕掛けを回収してもらい、また船の位置を直す。その１セットを流しという。

船釣り基本用語集

【濁り潮】潮が澄んでおらず濁っている状態。反対は澄み潮。

【根】海底にあるまとまった岩場や岩礁帯。魚の付き場になりやすい。

【根起こし】深海釣りで、仕掛けの回収時に海底に引っ掛けていたオモリを、リールをロックして捨てイト部分から切る操作。

【根掛かり】オモリやハリが障害物に引っ掛かり動かせなくなること。うまく操作することで外せる場合もある。

【根ズレ】イトや仕掛けが根に擦れてしまうこと。仕掛けが切れる原因になる。

【乗っ込み】魚が産卵のために浅場に集まってくること。一般的に大ものねらいのチャンスとされる。

【ノット】イトの結びのこと。

【乗合／乗合船（のりあいせん）】複数のお客さんが同じ船に乗り合わせて決められた時間の中で釣りをするシステム。一人でも参加できる。

【バラシ】一度ハリ掛かりした魚が途中で外れてしまうこと。

【PE（ピーイー）ライン】極細のポリエチレン繊維を編んだイトで強度に優れる。現在、船釣りで用いられるミチイトは基本的にPEライン。船釣りでは水深を把握するために、10mごとに色分けされ、1mごとにマーカー（印）が付いているものを使う。

【ビシ】寄せエサを入れるカゴ。金属製のビシカゴ（鉄仮面と呼ばれる）やプラスチック製のものがあり、釣りものによって使い分ける。オモリと一体化しているものが多いが、オモリを別に付けるタイプもある。

【ベタ底】仕掛けを極力浮かせず、べったり底ねらいに徹すること。

【ボトム】海底のこと。

【身エサ】魚やイカの切り身をエサにしたもの。釣れたサバなどをさばいてその場で作ることもある。

【幹（みき）イト】仕掛けの芯部分に使うイト。

【ミチイト／道糸】リールに巻くイト。現在の船釣りではほぼPEラインが用いられ、その先にクッションや仕掛けとの接合部の役割を担うリーダー（フロロカーボンやナイロンのライン）を結ぶ。太いPEラインであれば、先端にチチワを作って直接サルカンを結ぶ場合もある。

【ミヨシ】船の前方。舳先。反対がトモ。

【向こうアワセ】アタリがあっても釣り人からはアワセの動作を行なわず、魚が食いこんで完全に引き込まれるまで待つ方法。

【元ザオ】サオの手元部分。バット。

【横流し】ドテラ流しを参照。

【寄せエサ】魚を寄せるためのエサ。コマセやマキエとも。

【リーダー】主に根ズレを防止する目的で、ミチイトのPEラインの先に結ぶフロロカーボンやナイロンラインの部分。サオの長さにもよるが、1・5mほど取る場合が多い。先イトとも呼ばれる。

あとがき

「船釣り」の魅力

記憶にある最初の魚釣りは小学校低学年。キャンプと釣りが好きな父に、長く軟らかいウキ釣り用のノベザオを買ってもらった。イトを団子結びにしてウキ下の調節をしたあと、サシアミを付けて流す。ウキがピクピクと揺れて沈み、聞き合わせた瞬間に心地よい手応え。その感動が忘れられず、釣りに夢中になった。釣った魚のウロコや内臓を自分で取り、自然の中で食べるのも格別だった。

中学生になると父が磯釣りや船釣りにも連れていってくれるようになった。ある年の正月前、本書にも登場する日の岬沖にブリねらいに行けることになった。よく釣れていると聞いていたので、出かける前からワクワクする。だが、その日の午前便は船中で上がったブリが1尾か2尾。父に懇願し、急きょ午後便にも乗せてもらったら、今度は入れ食いになった。10kg前後のブリが二人で15尾くらいは釣れたのだが、その感動は今も忘れられない。

そこからは、小遣いを貯めては父に頼み、大型魚が泳ぐ沖に出かけるようになって、今に至っている。

一般的に「船釣り」といえば、沖のよく釣れるポイントまで船長が連れて行ってくれて、誰でもいつでも釣れるものと想像する方が多いと思う。

だが、そこはあくまで自然が相手なので、1日違えば海の状況が全く異なるし、1日の中でも潮、水色、対象魚が捕食しているエサなどの状況は変わり、なかなか釣れず難しいことがよくある。そこに私は、大きな魅力を感じる。

いつも海の中を想像し、魚の気持ちになれるように考え、仕掛けやルアーを投入。そこで魚や海から返ってくるヒントに対して次のアプローチを試みる。毎回がこの繰り返しで、魚の気持ちへの「答え合わせ」をしていく過程がたまらなく楽しく、かつ難しく、たまらない。

そんな釣りの魅力を、より多くの人へ伝えたいと思っている。そこにはルールやモラルも含む。悲しい現実で、釣り人が出すゴミやトラブルで、釣りを楽しめる場所が急激に少なくなっている。自分も今一度振り返り、また、美味しく食べることを含めた、命ある魚への最大限の敬意も忘れず、この素晴らしい時間を多くの人と分かち合っていきたいと思っている。

(菊池雄一)

膝を使って大ものの引きをいなす。
これも父と始めた一文字テトラでの
チヌ釣りで覚えた

菊池雄一（きくちゆういち）
1983年1月26日生まれ。大阪府大阪市出身。幼い頃から堤防釣りに親しみ、エビ撒き釣りやフカセ釣りを経て船釣りを始める。現在は特に船テンヤタチウオにどっぷりはまり、釣り場を求めて日本各地、さらには世界中へ。釣具業界に従事し、船釣り関連商品の開発業務や営業、販売促進までオールラウンドにこなす。モットーは「魚とのやり取りは膝を使え!!」。兵庫県三田市在住。

これ一冊で丸わかり！
関西の船釣り最新テクニック

2020年1月1日発行

協力：菊池雄一、高崎冬樹（写真、取材）
　　　堀口順一朗（イラストレーション）

編　集　月刊つり人編集部
発行者　山根和明
発行所　株式会社つり人社
〒101-8408　東京都千代田区神田神保町 1-30-13
TEL03-3294-0781（営業部）
TEL03-3294-0782（編集部）
印刷・製本　大日本印刷株式会社

乱丁、落丁などありましたらお取り替えいたします。

ISBN978-4-86447-342-2 C2075
つり人社ホームページ　https://tsuribito.co.jp